# Entrepreneurial thinking

会社に縛られずに稼ぎ続ける

# 超・起業思考

起業家
船ケ山 哲

きずな出版

どれだけ時代が変わっても、
どれだけ環境が変わっても、
たとえ国のルールが変わっても、
たとえ独りになっても、
どんな状況でも、
お金に困ることなく成功するための考え方と習慣。

それが、超・起業思考——。

Prologue ——

# ◆「超・起業思考」が、勝ち続けるための鍵となる

時代は「変革期」を迎えています。

インターネットが普及したことで、世のなかに大きな変化と衝撃を与えました。

その結果、世界は1つにつながり、言語の壁さえも取り除いてしまいました。

これにより、これまでとはまったく違う価値観が生まれ、新世界が幕を開けたと言えます。

**その恩恵をもっとも受けたのは、大企業ではなく「個人」です。**

「個人の時代が到来する」と言われて久しいですが、アメリカでは現在、4人に1人が個人事業主として働き、日本でも「フリーランス」という働き方が定着し始めています。

さらに、これまでの個人事業主と大きく違う点はその〝規模〟です。

これまでの個人事業主の収入は、よくても年収1000万円程度だったものに対し、現

在では個人の起業家であっても、大企業が年間に叩き出す利益をたった1人で稼ぎ出すことも可能になってしまいました。

その背景にあるのは、インターネットが世界インフラとして整備されたことで、さまざまなツールやシステムを無料で利用できるようになったという点が大きく影響しています。

さらに、成果を出せる人材は雇用された狭く苦しい空間ではなく、実力を思う存分試せる自由な環境に身を置くようになりました。

しかし雇用がない状態で稼ぎ続けるのはそう簡単なことではありません。当然、永続的に知識やスキルを磨き続けることも必要になってきます。

逆に言えば**「実力＝成果」となるので、やり方次第で収入は青天井となります。**

その収入はやる気や根性、働いた時間で確定されるものではありません。

「価値の量」が収入に大きな影響を与えます。

そのため、どんな方法であれ多くの価値を届けることができればお金持ちとなり、逆に価値を奪うようなことをする人は借金を抱える羽目《はめ》となるのです。

成功を収めたければ、「ビジネスとは価値交換で成り立っている」ということをまずは知る必要があります。さらに、ビジネスで勝ち続けるためには〝才能や能力は大きく影響しない〟という現実も知る必要があります。

このように言うと「バカでも成功できるのか？」と誤解する人がいますが、そうではありません。起業における「成功法則」を知っているかどうかが、成否を分けるのです。

その成功法則を言語化したものが、本書『超・起業思考』です。

**「超・起業思考」とは、ひと言でまとめると、これから時代がどれだけ変わっても、あなたが何の商品を取り扱ったとしても、景気に左右されず、一生お金に困ることなく、ビジネスで成功し続けるための考え方と習慣のことです。**

そのため1つの要素を取って「これが超・起業思考です」とあなたにお伝えすることはできません。しかしながら、読み終わったころには「超・起業思考」が身についている……本書はそんな構成にしました。

現在成功している人でも、この成功法則を最初から知っている人はほとんどいません。

しかし成功している人をあとから分析してみると、これらの共通点をきちんとおさえ、ビジネスをおこなっているのです。

成功をするうえでもっとも大切なのはノウハウやテクニックではありません。

大切なのはまず「現状を把握すること」です。

そこを間違えると、気づかぬうちに敗北者の仲間入りです。

そこで今回は、**このあとの「チャプター00」で、日本に起きている現状を知っていただくことから始めていきます。**正直、この実情を知るだけで震えが止まらず、明日にでも会社に「辞表」を出さなければと慌てる人も出てくるかもしれません。


さて、この続きは今後のあなたの人生に大きく影響を与えます。

まずは本書の会計をレジで済ませて、落ち着いた部屋でゆっくりとコーヒーでも飲みながら読み進めてください。

Contents

Chapter 02

# 起業して成功する人の考え方

Chapter 03

# つぶれないビジネスを構築する

Chapter 04

# 死ぬまでお金に困らない「超・起業思考」

Chapter 05

# 「超・起業思考」を習慣に落とし込む

## Last Chapter

# お金を追いかけることがなくなる未来へ

ブックデザイン　藤塚尚子（ＩＳＳＨＩＫＩ）

# 超・起業思考

——会社に縛られずに稼ぎ続ける

Chapter 00

# 現実を見よ

## ◆7割の人が陥る「老後破産」を、他人事だと思っていないか？

「私は、定年後10年で破産しました」

この衝撃の言葉。

これは、あるテレビ番組がつい最近放送した「老後破産」にまつわる見出しです。

ここで放送された内容によると、定年を迎えた人たちの7割近くが老後破産に直面し、借金地獄に陥るというのです。その数なんと２００万人。

あなたは想像できますか？　75歳を迎えた家族が浮浪者《ふろうしゃ》になる現実を……。

多くの人はこのような衝撃的な番組が放送されたところで「どうせ他人事、自分には関係ない」とタカをくくってしまいます。なぜなら、自分がまさか定年を迎えてから破産することなどまったく想像していないからです。ましてや自分の親も現状、借金を抱え浮浪者などになっていない。

それもそのはず、この老後破産が騒がれ始めたのは、終身雇用や年功序列といった日本型雇用システムが崩壊し、生涯年収が減っていることが大きく影響を与えているからです。

さらに、税金や社会保険料などの非消費支出の負担が増えているのも、大きな要因となっています。

**そうです。この10年の間に時代は変わってしまったのです。**

しかも現時点では他人事であっても、誰もが確実に歳を取り定年を迎えます。そして、この数年でシワができ、白髪が増えてきます。さらに気持ちのうえでは「永遠のハタチ」のつもりであっても、足腰や全身の筋力は確実に退化していきます。

そんななか、あなたが信じるか信じないかに拘らず、２００万人に訪れる未来は「快適年金ライフ」などではなく、借金が容赦なく押し寄せる地獄のような「破産ライフ」です。

その悲劇の始まりは、35歳を超えたら好条件では転職できない日本の慣習にあります。

いくらあなたにやる気があり、働きたいと願ったとしても会社が受け入れてはくれません。仮にタイミングよく転職できても、給料は下がり、年下の口の臭《くさ》い上司に頭を下げる屈辱的な日々を覚悟しなければいけません。さらに雇用形態を続けるということは、年金の支給を迎える前に「谷間の5年」を乗り越えなければいけないのです。

この「谷間の5年」(60〜65歳)がわからない人のために簡単に説明します。60歳未満定年制が禁止(1998年施行)となったことで、現在8割の会社は60歳で定年を迎えます。しかし年金が支給されるのは65歳から。そう、5年という谷間(誤差)が生じてしまうというものです。

とはいえ、60歳で定年を迎えたところで新たな働き口などそう簡単に見つかるものではありません。しかもその年齢となると大半の人は肩書きや役職がついているため、いまさらバイト生活など屈辱以外の何ものでもありません。

そんななか、貯金残高を見透かしたように会社は足元を見た提案をしてきます。

**「給料半額でよければ、嘱託《しょくたく》で雇用しますがどうしますか?」**

ここで大半の人は定年後の転職先などあるはずもなく、悪条件とはわかっていたとしてもその雇用形態を受け入れざるをえないのです。

ここからが本格的な悲劇の幕開けです。なぜなら人間は生活レベルを急に落とすことができない生き物だからです。考えてみてください。定年後に給料が半額になったとはいえ、これまで肩で風を切って高級車を乗り回し、いばり散らしていた部長さんが急に軽自動車に乗る生活など許すことはできません。

しかし無残にも入ってくる給料はスズメの涙ほど。これでは今までのような優雅な生活を続けることなどできません。そこでやむなく貯金を切り崩しながらの極貧生活をスタートする羽目に……しかもその間「5年」です。

ここでさらに「部長」の肩書きが財布のひもに邪魔を仕掛けます。

飲み会に誘われれば、今までのように見栄を張らざるをえません。人間は見栄だけはなかなか捨てることができないからです。だから口が裂けても「小遣いを減らされて」などと弱音を吐くことなどできないのです。これではもう八方塞がりです。

そこで、**そんな生活を打破するべく多くの人は誤った選択をしてしまいます。**あなたも聞いたことがあるとは思いますが、退職金を株や投資につぎ込んでしまう人たちです。

しかし何の知識もない素人が、投資を片手間でやったところでうまくいくはずありません。数ヵ月も経たないうちに、数百万円、数千万円が一瞬で消え去る悲劇があなたに襲いかかるのです。そして人によっては、貯金を失うだけならまだしも、借金の返済のためにまた借金を重ねるといった蟻地獄《ありじごく》の日々に陥ってしまうのです。

そんななか、ようやく迎えた年金生活。

しかしそこに待っていた現実はさらなる悲劇です。

病気・親の介護や葬儀などにかかる費用が数百万円。これではいくら極貧生活をしたところで年金では賄《まかな》いきれず、赤字は雪だるま式に増えていきます。

その結果、10年で破産……。

## ◆起業で運命を動かす

これは他人事ではありません。

あなただけでなく、身のまわりの家族や親族に巻き起こる悲しい現実なのです。

ではどうしたらこの現状を打開し、大切な家族を守ることができるのか？

**それは1つの選択肢として「起業」を考えることです。**

なぜなら起業には定年はありませんし、正しいやり方と正しい順番でおこなえば失敗することは100％ないからです。

こう言うと「100％のものなど、この世に1つもない」と言う人がいます。

たしかに起業で100％「成功する」ことはありません。

しかし起業で100％「失敗する」こともないのです。

その秘密が本書には書かれています。その秘密を知りたければ「老後破産」を迎える前に新たな道を自らの意思でつくってください。

未来とは他人が決めた道を歩くものではありません。

自らの意識で切り拓いていくものです。

とはいえ、何の指標もなく独学でおこなえば、取り返しのつかない事故が起きても不思議ではありません。しかしそこで未来を切り拓く「成功の羅針盤《らしんばん》」があれば話は別です。

成功とは「科学」です。
さて、あなたはこの状況のなか、どの未来を選択しますか？

**・成功の羅針盤（本書）を手に、起業する**
**・独学で起業し、多額の借金を覚悟する**
**・何も行動せず、老後破産に怯える**

これはあなただけの問題ではありません。
あなたの決断が、大切な家族の未来も決めるのです。
大切な家族を守れるのはあなたしかいません。

それでも、あなたは雇用される生活にしがみつきますか？
それとも、本書を片手に起業にチャレンジしますか？

さあ、未来を決めるジャッジメントの時間です。

Chapter 01

# 明日、
# 会社が倒産しても
# 生きていけるか？

さあ、いよいよ本編のスタートです。
「超・起業思考」を身につけることで、
あなたは会社をクビになっても問題なく
生きていくことができるようになります。
1章ではその秘密の「基本」の部分を公開したいと思います。
あなたが会社員であれば、
起業するための大きな指針になるでしょう。
あなたが起業家ですでに成功しているのであれば、
自分のビジネスをさらに加速させる武器になるでしょう。

# ◆成功のための「2つの起業要素」

「起業して成功する」

夢のある言葉です。

しかし、その夢を実現できる人と、夢のまま妄想《もうそう》で終わらせる人がいます。

これは能力や才能などではなく「やり方」を知っているかどうかの差だけです。ただ、そのやり方について具体的に書かれている本はこれまでにあまり存在しませんでした。

そのため多くの人は起業に対して不安を感じて行動することができないか、仮に最初の一歩を踏み出せた人であっても成功できる人はほとんどいなかったのです。

しかしこの本は違います。これまでの腐りきった悪習慣にメスを入れ、ビジネスで成功するための「やり方とは一体何なのか？」について、解説していきます。

そのやり方さえ知ってしまえば、たとえ明日会社が倒産したりクビになったとしても、問題なく生きていくことができます。まずはそのためのステップから解説していきます。

そのための第一ステップは「2つの起業要素」を知り、徹底的に頭に叩き込むことです。

この2つを意識して起業した人はスムーズにビジネスを立ち上げることに成功し、逆にこの2つを意識せず無視してしまった人は、どんなにいい商品を扱いビジネスモデルが最高だったとしても、借金とともに廃業を余儀なくされてしまいます。

では、その成否を分ける「2つの起業要素」とは一体何か？

**（1）今の会社を上手に活用し、実験台にする**

**（2）過去の延長線上に、お宝は埋まっている**

この2つの要素を知ることに成功の秘訣があります。

まず、（1）の「**今の会社を上手に活用し、実験台にする**」について解説していきます。

ビジネスで成功する人は、たとえサラリーマンであっても根底には「起業家思考」が流れています。そのためどんな環境であろうと、そういう人は成果を出すことができます。

なぜなら「環境」と「成功」は必ずしもイコールではないと知っているからです。

だから、今の世のなかで成功している大半の人は、最悪な環境で育っていたとしても自らの力で這《は》い上がり、成功を手にすることができているのです。

要は場所や環境に答えがあるのではなく、自分がその環境下においてどう活躍し、打開策を見出せるかが成否を分けるということです。

起業を先々考えているのであれば、会社という環境を最大限活用しない手はありません。

給料をもらいながら勉強することも実験することもできるからです。

この考えを持たない人はどうなるのかというと、起業してから「集客の仕方がわかりません」と泣きべそをかく羽目となるのです。

正直、起業してからでは手遅れです。

その理由は、仮に広告を出すにしても身銭を切り、清水の舞台からダイブするかのごとく毎回震えながらチャレンジしなければいけないからです。

これではスキルが身につく前に資金がショートしてしまいます。

しかし会社員でいる場合、会社という舞台を活用しながらテストや実験をすることができます。こんなにいいことはありません。

なぜならその広告が仮に失敗に終わったとしても給料が減らされることはなく、お金をもらいながらスキルを磨いていくことができるからです。

そうです。今の環境を使うことで何のリスクもなく経験とスキルを磨いていくことができるのです。さらに数を重ねることで質は向上し、成果を出しやすい状態をつくることもできます。しかもそこでの経験が実績となり自信に変わります。

これが今の環境を最大限活用するという考え方です。

ただ、その際に注意しなければいけないことが1つあります。

それは会社の看板ではなく、自分でスキルを身につけて成果につなげる必要があるということです。なぜなら会社を辞めた瞬間、看板や肩書きがなくなってしまうので、これまでの取引先の対応がガラリと変わり、世間の厳しさを目の当たりにすることになるからです。

そして何もない自分に落胆し「これまで努力してきたことは何だったのか」と戻らぬ時間を後悔するようになるのです。

だから今の会社で成果を上げるにしても、会社の看板ではなく知識とスキルで勝負し、実績につなげていかなければいけないのです。

次に(2)の**「過去の延長線上に、お宝は埋まっている」**ということについてです。

ビジネスを失敗させる人は「儲かる商品」や「稼げるビジネスモデル」から参入してしまいます。しかし、それがそもそもビジネスを失敗させる最大の要因だということに早く気づかなければいけません。なぜならそれらは〝他人が提唱する儲け話〟であって、必ずしもあなたが儲かる話ではないからです。

ビジネスを失敗させる人はこの罠にハマることで借金を抱え、在庫の山に埋もれる悲しい人生を歩む羽目となります。そして残りの人生は借金を返済するだけの、夢も希望もない奴隷のような日々に身を捧《ささ》げることになるのです。

しかし「過去の延長線上に、お宝が埋まっている」ことを理解し、ビジネスを考えた場合は違います。なぜならすでにビジネスで大切な**「5つの武器」**を手にした状態で、起業を迎えるからです。この「5つの武器」についても詳しく説明していきます。

## ◆ビジネスに欠かせない「5つの武器」とは

ビジネスをするうえで大切になってくるのが「5つの武器」を持っているかどうかです。しかしビジネスがうまくいかない、なかなかビジネスが立ち上がらない、という人はこの「5つの武器」を持つことなくビジネスをスタートしてしまいます。そのため、夢を叶えるどころか悲惨な現実に頭を抱えてしまうのです。

では、この「5つの武器」とは一体何でしょうか？

**① 知識**
**② 経験**
**③ スキル**
**④ 実績**

## ⑤ 信頼

この5つが大切になってきます。しかもこの5つは、順番もこの通りに覚えていただくことが重要です。では1つずつ見ていきます。

まず①の「**知識**」です。

そもそも知識がなければビジネスを始めることができません。しかしビジネスを失敗させる人は、儲け話ありきで知識がないものに手を出してしまいます。当然、それで儲かるほどビジネスは甘くはなく、数ヵ月後、詐欺にあったと嘆《なげ》くことになります。

これはビジネスだけでなく投資なども同じです。

もちろん、その損失は詐欺をおこなう業者が一番悪いですが、それを見抜くだけの知識がなかったことが悲劇そのものを生み出したということになります。

次に②の「**経験**」です。

これはあなたも実感されたことがあるかもしれません。

私たちには、〝経験を重ねることで見えてくる世界〟というものがあります。1回目には気づけなかったものが3回目で見えるようになり、3回目には気づけなかったものが5回目になって初めて見えてきた、ということは数多くあります。

しかし、これは経験を重ねることで初めて見えてくるものなので「経験が人をつくる」というのは正しいと言えます。

次に③の「**スキル**」です。

こちらも経験と同様に数を重ねることで積み上がっていくものです。そのため、1日で簡単に身につくという類《たぐい》のものではありません。量が質を向上させます。そして一度ついたスキルは簡単になくなることはなく、一生お金を生み出し続ける助けとなります。

ただスキルを使ううえで注意もあります。それは、スキルは使わないと錆《さ》びてしまう性質のものということです。そのため日々磨き、使い続ける必要があります。

次に④の「**実績**」です。

知識をつけ、経験し、スキルを上げていくことで成果を出すことができるようになります。当然、成果は実績となり強固な自信を与えてくれます。そしてこの実績が次のお客様を引き寄せ、さらなる実績の種を生み出してくれるのです。

ここは仕事を受注するうえで非常に重要な部分です。

商品がなかなか売れない人は「商品の品質を上げればお客様が来る」と錯覚してしまいます。しかしお客様は商品ではなく実績に引き寄せられてやってきます。

なぜなら、商品がいいというのは自社評価に過ぎず客観的に判断したものではない一方で、実績は客観的に判断された結果でもあるので、自分が「いい商品」と言っているだけの胡散《うさん》臭いものではなく「認められた証」でもあるからです。

そして最後は⑤の「**信頼**」です。

ビジネスがヘタな貧乏人は商品がよければ儲かると誤解しがちですが、そもそもビジネスの根底は「信頼」で成り立っています。そのため信頼さえあればどんな商品を扱ったとしても儲けることができます。イメージしていただくために参考例を出します。

たとえば、あなたには恩師はいるでしょうか？

ジリ貧で苦しむあなたを地獄の底から救いあげ、食と仕事を提供してくれた、そんな恩師を少し想像してください。さてここからはイメージです。


恩師が久々にあなたのところにやってきて「300万円の高額商品を買ってほしい」と言ってきました。どうやらお金に困っている様子です。

このとき、あなたはどう答えますか？

恩も義理もなく、塩を撒き追い返しますか？

それともそのお願いに応え、商品を買うでしょうか？

おそらく本当に恩師と感じている人であれば、後者を選択し、少しでも役に立てるのであればと黙って300万円入った通帳を差し出すはずです。

一方、恩師ではなく逆のケースの場合はどうでしょうか？

30年間お風呂にも入らず、ゴミと埃《ほこり》にまみれた街を徘徊している浮浪者が、ダンボール片手に「お水を買ってほしい」とあなたのもとにやってきました。その水は封がされ、賞味期限も切れていない、有名メーカーが出している綺麗な水です。

しかも半額の50円でいいと言います。

あなたはその水を買い、浮浪者の目の前でグビグビ飲むことはできるでしょうか？

おそらくできないはずです。

なぜなら、それがどんないい商品であったとしても、その浮浪者自体に「信頼」を持つことができないので、怖くて水を飲むことができないからです。

それが半額の50円だったとしても。


極端な例のように感じるかもしれませんが、ビジネスがヘタな人はこの本質部分を見過ごし、いい商品を安く提供すればお客様は喜んで買ってくれると思い込んでいるのです。

しかしこれは商品の問題ではなく「信頼」がそこにあるかどうかの問題です。

今回の事例を見てわかるように、多くの人は、このビジネスの根底でもある「信頼」を無視し、ビジネスの真似事をおこなっています。だから売れないのです。そうではなく大切なのは「信頼」であり、さらに先ほどお伝えした「5つの武器」なのです。

## ◆最短最速でお金を生み出す秘訣は、すでにあなたの手のなかにある

ここまでの話で賢いあなたはもうお気づきかもしれませんが、最短最速でお金を生み出す錬金術、および起業するうえでの成功法則というのは、外ではなく、すでにあなたの手のなかにあります。多くの人はそのお宝の源泉を軽視して外に答えを求めてしまうのですが、そうではありません。**すでに持っているのです。**

しかし多くの人は「今の仕事で起業など考えられない」「できればほかの仕事で起業したい」と願います。じつはここに成否を分けるある秘訣が隠されています。これを知らない人は、まったく経験のない新しいことを始めてビジネスを失敗させてしまいます。

しかしこの秘訣を知っている人は、今まで培《つちか》ってきた能力を最大限に活かしつつ、最短最速で成功を手にすることができるのです。

では、その秘訣とは何か。

**・お客様を変えないこと**

**・今までの実績を無駄にしないこと**

この2つの秘訣が次なる成功の扉を開きます。では説明していきます。

まずは「**お客様を変えないこと**」についてです。

ビジネスで大切なのは商品ではありません。

そこを間違えると、ブームとなった商品であっても倒産する事実があります。

1つ例を挙げると、以前「ポケットベル」（以下、ポケベル）という商品が、日本でブームをつくり出しました。当時はサラリーマンだけでなく学生や主婦など、ありとあらゆる人がポケベルに加入し、外出時の通信手段として利用していました……が、現在ポケベルを使っている人はほとんど見かけません。しかも当時一大ブームをつくり出した某企業は、いまや影もカタチもなく、ブームとともに消え去りました。

しかし商品に固執《こしつ》しなかった会社は、今も一大企業として活躍しています。

それはＮＴＴドコモです。当時はドコモもポケベルを扱っていました。しかし時代の変化をいち早くキャッチすることで柔軟に商品形態を変えていったのです。

「ポケベル↓ＰＨＳ↓携帯電話↓スマートフォン」というように。

ここが今回のポイントの１つでもあります。それは、お客様は商品ではなく、その先の「結果」さえ手に入ればそれで満足だということです。

今回のポケベルで言えば〝**大好きな人と、好きなときに、いつでも連絡が取れる手段が欲しい**〟ということです。そう考えた場合、別に商品がポケベルである必要がないのです。外出時であっても連絡が取れる手段があれば、それでハッピーなわけです。

しかし「私の商品は最高」と、お客様が望む結果など無視して商品にしか目を向けない人は、ブームをつくり出した張本人であっても消え去ります。これは非常に悲しいことです。

ここに今回の秘訣のヒントが隠されています。

商品に固執してしまった某企業は倒産し、商品ではなくお客様の望む「結果」に焦点を合わせたドコモは生き残って逆転勝利したのですから。

ポイントは「商品ではなくお客様の願望に合わせ、それを叶える商品であれば何でもいい」ということです。ということは、**あなたが今後も勝ち続け、ビジネスの世界で生き残るためには今のお客様の願望をベースに考え、その願望を叶える商品をつくればいい**のです。

このように言うと「自分は雇われのサラリーマンだから」と腑《ふぬ》抜けたことを言う弱腰な人がたまにいますが、そんな人に勇気を与える事例を1つプレゼントします。

私の知り合いが、サラリーマン時代に趣味でカウンセリングを学びました。

最初は趣味の一環で色々な人を無料でカウンセリングしていたのですが、カウンセリングすることがあまりにも面白くなってきたので、取引先の会社の社長にもやってあげるようになったのです。それが好評となりカウンセラーとして起業することを決めました。

ここでのポイントは「お客様は変えずに、以前の会社とは違う商品を扱った」ということです。さらに彼は私からマーケティングとセールスを学ぶことで、同じお客様に新たな商品を販売していきました。結果として彼は起業家として成功を手にしました。

さて、次に**「今までの実績を無駄にしないこと」**についてです。

ビジネスで大切なことは、最速でファーストキャッシュを得るための秘策です。

**これには、今までの実績を無駄にせずに最大限活用することが重要になってきます。**

先ほども言いましたが、お客様というのは実績のない商品など使いたくはありません。誰だってお金を払ってモルモットになどなりたくないからです。

そして、いい商品とは自分で決めるものではなく他人が決めるものです。それを客観的に示してくれるのが「実績」や「お客様の声」だということです。

しかし起業してイチから実績をつくっていたら、実績ができる前に資金が底をついてしまいます。そうなる前にファーストキャッシュを獲得しなければいけません。

それを短縮してくれるのが〝これまでの実績を活用する〟ということです。

このように言うと「私にはそんな誇れるような実績は1つもありません」と、目に涙を浮かべる人がたまにいますが、心配ご無用です。

なぜなら、**会社に勤める＝共同作業で売上をつくり出す**ということだからです。

ということは「関わったプロジェクトの実績を何か語ることはできないか」、もしくは「自分が参加したことで前月比アップした実績はないか」と考えていけばいいのです。

このように考えていくと、誰しも語れる実績の1つや2つはあるはずです。

## ◆5年後からの逆算思考

ここまでの話で、あなたが使えるリソースや培ってきた実績がなんとなく整理できたと思います。ここからはより具体的に、ビジネスをどのように立ち上げ、お金に変えていくかを見ていきたいと思います。

ビジネスは、今だけ稼げればいいというものではありません。3年後も5年後も、さらに10年、30年、50年と続けていくことがもっとも重要になってきます。

なぜなら**起業とは、自分が生活するためだけのものではない**からです。

考えてください。お客様が商品を買い、1年後に修理にやってきたとします。その際に会社がすでに倒産してなくなっていたとしたらお客様は困ってしまいます。

それ以外にも、年間契約で申し込んだサービスが1年持たずしてなくなってしまったら、これまたお客様は困ってしまいます。

だからお客様に迷惑をかけないためにも、永続的に繁栄する会社をつくっていかなくてはいけないのです。このように言うと「いやいや、ビジネスはそんなに甘くはない」と、過去に会社を倒産させた負け組は憤《いきどお》るかもしれませんが、それは今回の考えを持たずに、勢いと儲け話ありきでスタートさせた悲劇にすぎません。

**ビジネスを起こすうえで大切なのは、長期的視点（ビジョン）です。**

ただビジョンと言うと、起業する前の人からしたら意味がわからないと思いますので、もう少しイメージしやすい具体的なステップをお伝えしていきます。

まず、5年後の自分がどのようになっていたいのかを想像します。

このときは妄想レベルで構いません。なぜかと言うと、起業したあとの5年後というのは、とてつもなく大きな自分になっている可能性があるからです。

人により目指す方向はそれぞれ異なるとは思いますが、大切なのは5年先の未来を今から想像しておくということなのです。

それがあなたの進むべき道であり、歩むべき方向性でもあるからです。

1つの例として、私が起業当時立てた5年後の目標をご紹介します。

当時、私が想像した5年後はというと「海外でオーナービジネスをおこなう」というものでした。ということは、それまでに海外に移住する必要も出てきますし、子どもたちが困らないように語学教育を受けさせる必要もあります。

このようなことが決まると、どのような形態でビジネスをおこなえばいいかも決まってきます。私の場合いつでも海外に行けるように、インターネットを活用したビジネスを構築することにしました。集客もセールスもサポートも、すべてオンラインでおこなうコンサルタント型ビジネスです。

私の場合サラリーマン時代に、WEBマスターという問い合わせをホームページから取る集客の仕事をしていたので、そこでの実績を活かしコンサルタントとして起業しました。

前項でお話ししたように**過去の延長線上にあるビジネスで起業した**というわけです。

その甲斐あって、その後も順調にクライアントを獲得し、起業して1年経つころにはマレーシアに移り住むことができました。これは偶発的に起きたことなどではなく、起業時に立てた目標が今の現実をつくり出したにすぎません。

このように5年後の目標を漠然と決めておくだけでも、自分の進むべき方向が決まります。**それを妄想で終わらせることなく現実に変えていくためには、3年後までに達成しておきたい目標と、1年後までに達成しておきたい自分を明確に持つ必要があります。**

そこが鮮明かつ具体的に決まれば、あとはそれを愚直にこなしていくだけです。

## ◆独学の罠で、大切なものを失うな

ビジネスを失敗させる人は、ビジネスは1人でするものと誤解しています。

そんなエゴと過信が成功の可能性を閉ざし、自らの誤解がジレンマを生み出しているということに早く気づかなくてはいけません。

1人でおこなう必要はありません。なぜなら、あなたの本当の目的は「ビジネスで成功すること」だからです。ということは、**手段など関係なく、助けをもらいながらでも成功することを優先しなければなりません。**

この〝独学の罠〟にハマってしまう人は、ほかにも大きな誤解をしてしまいます。

それは「お金だけがリスク」だと思い込んでいることです。たしかに起業時にお金は必要で、それがなくなることは〝最大のリスク〟のように思えるかもしれません。

しかし**ビジネスの根源（何のためにビジネスをするのか？）を失ってしまったら本末転倒**です。ビジネスの根源を見失うから、お金だけがリスクだと誤解し、独学でおこなうという選択をしてしまうのです。起業というのは独学で成功できるほど甘い世界ではありません。

何でもやり方があります。それを学ばずして挑戦するのはもはやバカのやることで、それはチャレンジではなくギャンブルです。しかしやり方さえ知ってしまえばこれほど簡単なものはなく、スムーズに成功することが可能です。

なぜなら、そこには先駆者（先輩起業家たち）が築いてくれた、舗装された綺麗な道がすでに存在しているからです。独学でおこなうということは、獣道をイチから自力で舗装しなければいけないということです。これではいつになったら成功できるのかわかりませんし、成功する前に大怪我をし、崖から落ちて死を迎えることとすらあり得るのです。

だから、独学でおこなうということは愚かな行為であり、やってはいけない選択なのです。

**では、見失ってはいけないビジネスの根源とは一体何か？**

**それは「家族」です。**

この根源はもちろん人により多少異なりますが、多くの人は家族のために仕事し、日々つらいことも「家族のために」ということで耐えることができているはずです。

しかし独学を選択してしまう愚か者はこの事実を見過ごしてしまいます。1日も早く家族を幸せにするために「コツコツがんばればいつかは成功し、幸せにしてあげることができる」と信じているのです。もちろんコツコツやることもがんばることも大切です。しかし、その努力の方向を少し間違えるだけで、その夢が叶うことはなく、貯金が底をつき借金地獄に陥るか、もしくは家族に愛想を尽かされて出て行かれるかのどちらかです。

さらに言うと、失うものはそれだけではありません。

それは**「時間」**です。時間だけは戻すことはできません。一度失った時間は、どんなにお金を積んでも戻ることはないのです。しかしお金はいつでも稼ぐことができます。

もちろん稼ぎ方はさまざまですが、出て行かれた家族や失った時間と違い、お金がなくなるというのは一時的な話で、また稼げば済むことです。

お金は「流れ」です。入る流れもあれば出て行く流れもある。かといって止めることができないのがお金です。それはなぜかというと、持っているだけで税金がかかり、自分では止めているつもりでもまわりが出る流れを強制的につくってしまうからです。だから、止めるということができないのです。

**しかし「家族」や「時間」は違います。流れではなく〝積み上げ〟です。**

日々の苦難や障害が、信頼と関係性を向上させ、固い絆をつくり出してくれます。

ただ、積み上げという性質上、放置したり無駄なことをしてしまうと積み上がるどころか壊れてしまうことになります。だから、失う前に本当に大切なものは何なのか、そして何のためにビジネスをおこなっているのかをもう一度、振り返ってみてください。

この根源を失ってしまったら、ビジネスどころではなくなります。

## ◆無駄な準備はやめなさい

ビジネスを失敗させる人は「いい商品に出会ったから会社をつくろう」「いいビジネスモデルやフランチャイズに加盟したから起業する」という発想をする傾向にあります。

しかしそんなところに成功の種はありません。

なぜならビジネスとは、やって初めて気づくことばかりだからです。

たとえば、すばらしい商品が手に入ったとしても、その商品を喜んで買ってくれる人がどこにいるのかわかりません。見込み客が抱える悩みや願望、フラストレーションなど、どんなメッセージを投げれば響くのかもわかりません。

だから、起業するにしてもある程度の時間をかける必要があるのです。

ただし、やみくもに時間をかければいいということではありません。たまに「起業準備中です」と言いながら何年も過ごしてしまう人がいますが、それは言い訳をしているにすぎません。そういう人の準備は、そもそもズレているケースがほとんどです。

たとえば「副業で稼いで、今の給料を超えたら起業しよう」と考えている人は非常に多いですが、これは大きな誤解です。

今年副業で給料以上に稼げたとしても、来年同じように稼げるとは限らないのが起業です。しかもこれは起業した経験がある人はわかると思いますが、**副業の延長に起業は存在していません。まったく違う性質のものなのです。**

その一番の違いは「収益」です。もちろんすべてがそうとは言い切れませんが、大半のビジネスは副業では何億円ものビジネスを構築することはできません。しかし起業であれば、億単位のお金を稼ぐことは可能です。

このように副業と起業の違いを知らないと「起業準備中」という言葉とともに無駄な時間を過ごし、ビジネスチャンスを失うことも十分にありえます。

ビジネスとはタイミングです。そのタイミングを逃すと、売上レベルで10倍以上変わることもありえます。過剰な準備は逆効果となりますので、今からお話しする最低限の準備が終わったらすぐにでも飛び出すようにしてください。

では、何を準備して備えればいいのかについて解説していきます。

**それは「リサーチ」です。「リサーチすることで成否が8割決まる」と言われているほど、ビジネスの成功を左右する大きなファクターとなります。**このリサーチを怠り、勢いだけでスタートしてしまうと、成功する前に貯金が底をつく羽目となるのです。

ただ、リサーチと言っても何を調査すればいいのかわからないと思いますので、次でいくつかの項目をお伝えしていきます。

## ◆成否を決めるリサーチ法とは

ビジネスは「自社」「他社」「お客様」のバランスで成り立っています。しかしビジネスがヘタな人は、このバランスを見ることなく自社の商品しか見えていません。

その典型例は「この商品は品質もよく最高なクオリティだから、お客様にきっと喜ばれること間違いなし」といったセリフです。

何度も言いますが、それは自分が勝手に思い込んでいることであって、お客様がいいと感じるかどうかは別問題です。お客様は商品を選ぶ際、商品を見比べながら比較検討し、厳しい目でジャッジしています。そのためビジネスで勝ち残るためにはこの3つのバランスを常に意識しなければいけないのです。

なぜならビジネスとは競合他社との競争だからです。

あなた1人がレースに参加し、走っているわけではないのです。

だから常に相手の動向をチェックし、見比べる必要があるというわけです。

これが永続的に勝ち抜く秘訣です。

では早返リサーチするべきポイントを見ていきます。

# ビジネスで勝つために、何をリサーチするべきか？

| | リサーチするポイント | 得られる結果 |
|---|---|---|
| 競合他社 | 売上規模 | ベンチマーク先がわかる |
| | 競合の弱み | ビジネスの改善策が見える |
| | 競合の強み | 他社への対抗策が見える |
| | コンセプト | 訴求点および穴がわかる |
| | 集客方法 | 広告先を特定できる |
| | セールス方法 | 成約率の高い方法がわかる |
| | アフターフォロー | 効率化がわかる |
| | 販売単価 | 平均単価を知れる |
| お客様 | 願望 | 望む未来がわかる |
| | フラストレーション | 競合他社の事業の弱点がわかる |
| | 悩み | 何を提案すればいいかわかる |
| | 不安 | お客様が何に恐怖を感じているかがわかる |
| | 現在取り組んでいること | 信じている現実がわかる |
| | 見ている媒体 | お客様の滞留場所がわかる |

これらのほかにも、「市場規模」や「どの市場で旗を立てるか」なども総合的に調べる必要があります。これは調べれば調べるほど成功する確率が格段に上がり、負けない戦をおこなうことができるようになります。

このようにたくさんの項目を見ると大変だと感じるかもしれませんが、今回は時間を短縮し、できるだけお金をかけずにリサーチしていく方法をご紹介していきます。

それは**競合他社のサービスを自腹で受けてみる**ことです。

つまりお客様という立場を利用し、根掘り葉掘り聞くのです。その際、決して「カッコ悪い」「競合にバレる」ということなど気にすることはありません。あなたはお金を支払いお客様の立場でサービスを受けていると割り切りましょう。

そしてここでもっとも重要なのは、〝その場に未来のあなたのお客様がいる〟ということです。なぜなら競合他社で買っているお客様というのは、あなたにとっての最大の見込み客だからです。

もう少し詳しく説明していきます。

**見込み客には2つの「定義」があります。**

(1) お金を払う心の準備ができている

(2) お金を払ってでも、その問題を解決したい

**さらに、見込み客には3つの「段階」があります。**

① 悩んでいる

② 解決策を探し、出かけている

③ すでに競合他社のサービスを受けている

ここでのポイントは、**①の「悩んでいる人」は見込み客ではない**ということです。

なぜなら悩みを抱えている人など世のなかにごまんといますが、その悩みに対して全員がお金を払うことはありえないからです。

ビジネスを学んでいない素人は「悩んでいる人＝お客様候補」だと勘違いしてしまうのですが、これは冷静に考えれば「ダイエット　無料」とインターネットで検索している人に、有料の高額なダイエット製品を強引に売り込もうと考えているようなものです。

大半の人は「こんな無駄なことはない」とすぐに気づけるのですが、努力に酔いしれている人は「ダイエットに興味があるのであれば、もしかしたらうちの製品を買ってもらえるかも！」と幻想を抱いてしまいます。

しかしあなたは、そんな暇ではないはずです。だとしたら、**すでに商品を買っている人を相手にしたほうが何倍も効率的です。**なぜならその人には、その業界のサービスを受ける文化がすでにできあがっているからです。

## ◆「Xデー」を決める

副業と起業はまったく違うと前述しましたが、起業をスタートさせる際にも同じことが言えます。今、副業でいくら稼いでいるから安心ということはありません。

仮にまだ副業をやっていない人であっても、起業してすぐに稼ぐことは可能です。

ただそれには条件があります。

それは、先ほどお伝えした「ビジネスに欠かせない5つの武器」をすでに持っているかどうかです。忘れてしまった人のために復習を兼ねて振り返ります。

**「知識→経験→スキル→実績→信頼」**

この5つの要素と順番を大切にしなければいけないのです。逆に言えば、この5つの武器をすでに持っているというのであれば、あとは起業する〝時期〟を決めるだけです。

私も以前、先輩起業家にアドバイスをもらったことがあります。

当時サラリーマンだった私は、同僚に連れられてある経営者の会合に参加しました。経営やマーケティング・セールスなどの話を聞けると期待して行ったのですが、その経営者が放ったひと言は**「起業したければXデーを決めるだけだよ」**というものでした。

つまり、いつまでにやるのかを決めるだけでいいと言うのです。

正直、脳がショートしました。

まさかそんな答えが返ってくるとはまったく想像していなかったからです。しかし、そのひと言のおかげで私の起業人生が始まったと思うと感謝しかありません。

それだけこの「Xデー」と「5つの武器」は、起業を迎えるうえで非常に大切なことであり、成否を分ける重要な要素とも言えます。

あなたにこの2つがあるかどうか、もう一度、今ここでチェックしてください。

**もしこの2つがなければ起業しても失敗します。**

それを避けるためにも、まずは時間を取りリサーチしてください。何度も言いますが、これはあなただけの問題ではありません。家族にも関係することです。

ビジネスはギャンブルではなく科学です。

そして科学は努力や情熱といった根性論ではなく、正しい方法でおこなえば設計することができます。

起業ライフを成功させるためにも、今回の項目を1つずつチェックしてみてください。

それだけでビジネスにおける成功確率は、格段に上がること間違いなしです。

## Chapter 01　まとめ

- ○今の会社を活用し、実験台にする
- ○あなたのビジネスのお宝は過去に埋まっている
- ○「知識」「経験」「スキル」「実績」「信頼」の5つの武器がもっとも大切
- ○お客様を変えない
- ○今までの実績を無駄にしない
- ○なぜビジネスをするのか（ビジネスの根源）を忘れない
- ○やみくもに時間をかけない
- ○ビジネスは「自社」「他社」「お客様」のバランスで成り立つ
- ○見込み客の2つの「定義」と3つの「段階」を知る
- ○起業への「Xデー」を決める

Chapter 02

# 起業して成功する人の考え方

同じようなビジネスをしていても、
うまくいく人と、何度やってもうまくいかない人がいます。
その差は大きなものであると感じるかもしれませんが、
じつは考え方や習慣のわずかな差にすぎません。
2章では、成功する人がそうではない人と違って
どんな考え方をしているのか、
マインドの部分を見ていきましょう。

# 夏休みの宿題を最初の3日間で終わらせる人、最後の3日間で追い込む人

「やる気が出ません」

「行動に移すことができません」

ビジネスをすると、このようなジレンマを抱える人があとを絶ちません。

これはさまざまな要因が交差し起こりうる現象ですが、その要因の1つに**「行動体質」**というものがあります。

簡単に説明すると、**自分の行動を決めている根本的体質**の部分を示します。ここは起業するうえで非常に重要で、今後のビジネスに大きな影響を与えます。

なぜならビジネスで成功する人は、どうすれば自分はパワーが出るのかをよく理解できているからです。一方、やる気やモチベーションに左右される人は、パワーの根源や行動

体質を理解できていません。

だからジレンマを抱えて苦しむ羽目となるのです。

あなたは自分の行動体質を把握できているでしょうか?

これは簡単な質問でチェックすることができるのでやってみてください。


〈質問〉

「あなたは学生時代、夏休みの宿題を最初の3日間で終わらせる人でしたか?

それとも最後の3日間で追い込まれ、必死に寝ずにやった人でしたか?」


これにより自分の行動体質がある程度わかります。

**最初の3日間で終わらせる人は「安定思考型」です。**

**最後の3日間で追い込んだ人は「リスク回避型」です。**

これはどちらがいい・悪いというものではありませんが、これを知ることで〝自分がどのように行動すれば力を発揮できるのか〟を知ることができます。

ちなみに私は、基本的に前者の最初の3日間で終わらせるタイプなので「安定思考型」です。その名の通り「まずは安定を考える」という考え方なのですが、起業する際に自分を追い込む意味で、150万円支払いコンサルタントをつけたことがありました。

これは「安定思考型」の私にとっては非常に大きな意味を持ちます。

コンサルタントをつけた理由は、以前に独学でビジネスをして大切な家族を失ったつらい過去があるので、同じ過ちを二度と繰り返さないためでした。

正直、今までこのような経験をしたことがなかったので怖かったですし震えました。

しかし、生まれて初めての金銭的リスクを背負うことで底知れぬパワーを得ることができたのです。私は元々ケチな性格なので「何としてもこのお金を無駄にしたくない、損はできない」という回収欲が刺激されたというわけです。

このように人には行動体質というものが存在します。

ただ私のように**「安定思考型」と思い込んでいたものが、じつは「リスク回避型」のほうでパワーが出るというケースもあります。**

そのため思い込みは捨て、まずは小さくテストすることです。

そうすることで、今までとは違う自分に出会える可能性があるかもしれません。

## ◆断片情報は成功を遠ざける

ビジネスで大切なのは**ゴール設定**です。

稼げない人というのは、最初の段階でゴールを決めることなく他人が提唱する儲け話にフラついてしまうため、**他人の夢を自分の夢だと錯覚してしまう**のです。

その典型例が、欲しくもない「高級外車やタワーマンションはカッコいい」という幻想を抱く行為です。しかしそれは他人の夢。モチベーションが続くはずなどありません。

なぜならそこにはパワーの根源は不在だからです。

だから他人が提唱する儲け話に惑わされないためにも、最初にあなただけのゴール設定をきちんとおこなう必要があるのです。

大切なのは断片的な儲け話ではなく、入口から詰めていくことです。

**「市場選定→リサーチ→集客→セールス→納品→アフターフォロー」**

このようにビジネスには、流れと順番があります。

その順番を無視し、断片的なやり方に固執してしまうと時間とお金を無駄にします。そうならないためにも、最初の時点でゴール設定をきちんとおこなう必要があるのです。

## ◆一点集中し、フォーカスをぶれさせない

ゴール設定が決まったら次にやるべきことは「一点集中」することです。

しかし多くの人はこの重要性を軽視してしまうため、なかなか思うような成果を手にすることができません。

それを証明するために、はじめに洞窟《どうくつ》で岩の先から垂《た》れる水滴を思い描いてください。

一点集中することで、岩をも穿《うが》つ現象が至る所で起きています。

しかし同じ水でも大雨が降ったからといってアスファルトを穿つことはありません。

これは水圧の問題ではなく、一点集中したかどうかの違いです。

弱い水であっても一点集中することで強硬な岩をも穿ってしまうということです。

これはビジネスにも同じことが言えます。

とくに起業時は、ふらふらと色々なことに手を出してしまうと稼ぐことができません。

なぜなら、ライバル会社は1つのビジネスについて24時間365日考えているからです。

ビジネスは競争であり戦争です。そんななか、あなただけが分散していては勝負に勝つことなどできません。**大切なのは「分散」ではなく「集中」です。**

そしてもう1つ大切なことがあります。

それは「**うまくいった方法は、うまくいかなくなるまで続ける**」ということです。

ここが成功者と未熟者の大きな違いです。ビジネスを失敗させる人は飽き性の人が多いため、うまくいっていた方法をすぐに手放す傾向がありますが、成功者は違います。

うまくいった方法を愚直に繰り返し、うまくいかなくなるまで続けるのです。

# ◆成功者は「まだまだ」と考える、未熟者は「もう十分」と考える

成功者と未熟者の違いはほかにもあります。

成功している人は「もっとほかに何かできるものはないか」と常に脳を働かせ、未熟者は「もう十分やった」とすぐに自分をほめ称えてしまうのです。

これでは差がついても仕方ありません。

なぜなら**成功とは行動量が成否を分ける**からです。

これは逆の立場で考えればすぐにわかります。

あなたの願望を叶えるためにどんどん色々なものを提供してくれる人と、商品を提供したからもう終わりという人とでは、どちらに心を開くでしょうか?

おそらく大半の人は前者に心を開き、もっとサービスを受けたいと思うはずです。

これはどういう原理かと言うと、**接触頻度が信用に影響を与える**という心理的作用が影響しているためです。つまり人は会う頻度を高めることで〝何でも相談できる相手〟に昇進してしまうということです。

その典型例は、月1回通う美容院です。

これは比較するとすぐにわかります。

30年間一度も会っていない中学校のときの親友と、毎月通っている美容院の店員さんとではどちらに悩みを打ち明けやすいでしょうか？

おそらく多くの方は「毎月会っている美容院の店員さん」と答えるはずです。

ということは、接触頻度を増やせば増やすほど、お客様が感じるあなたへの信用は高まり、冷たく閉ざされた心を解きほぐすことができるというわけです。

そして、**そのきっかけとなる呪文が「もっとほかに何かできるものはないか」です。**

人間は限界を自分自身で勝手に決めてしまう傾向があります。

しかし限界はそもそも存在していません。

そのため「もっともっと」と言っている人のサービスの限界値は高く、すぐにあきらめる人のサービスの限界値は低いということです。

サービスの限界を突破して常に成長しようとしている人と、そうではない人。あなたはこの2人を比べ、どちらから商品を買いたいと望みますか？

## ◆なぜ人はモノを買うのか？

人間には3つの脳があると言われています。

①　**爬《は》虫類《ちゅうるい》脳**
②　**哺《ほ》乳類《にゅうるい》脳**
③　**人間脳**

この3つです。これについては前著『稼ぎたければ、捨てなさい。』（きずな出版）に詳しく書いたので、それぞれ簡単に説明だけします。

①の**爬虫類脳**とは、太古の昔から遺伝子に組み込まれた「**本能**」の部分です。そのため短期的欲求の刺激に弱く、考える前に手が先に出てしまうという特徴があります。

②の**哺乳類脳**は、「**感情**」を司《つかさど》る動物脳と言われる部分です。こちらは快楽や不快といった感情の部分となるので、もっとも人間味ある特徴があります。

③の**人間脳**は、思考を司る「**理性**」が影響する部分です。こちらは常に冷静沈着で、すべての出来事を客観視し、理屈で証明するという特徴があります。

このように私たちには3つの脳が存在し、それぞれ役割分担が決まっています。

それを上手に活用するのも、逆に刺激されるのも自由ではありますが、**ビジネスを成功させるためには短期的欲求をコントロール**しなければいけません。

なぜこのようなことを意識しなければいけないのかというと、人間は哺乳類脳の前に必ず爬虫類脳が騒ぎ出す「本能には勝てない生き物」だからです。

これまで意味不明なものを衝動買いしてあとから後悔していたのは、あなた自身が悪かったのではなく、短期的欲求を販売者に刺激されていたからにすぎません。

そうは言っても短期的欲求を刺激すること自体が悪いわけではありません。

あなたが本気でお客様のことを真剣に考え、お客様の未来をよりよい方向に導きたいと強く願うのであれば、むしろ商品を知るきっかけとして短期的欲求は刺激しなければいけないのです。

逆にあなたが消費者に回った場合は、刺激から一番遠い存在になる必要があります。なぜなら「消費」はお金を生み出すことはなく、貯金残高を減らす行為でしかないからです。

まとめると次のようになります。

**・自分がお客様となる場合は、販売者からの短期的欲求を抑止する**
**・販売者となり仕掛ける場合は、お客様の短期的欲求を刺激する**

大事な部分ですので、ビジネスの場面だけでなく日常の買いものなどの際にも、この2点を意識するようにしてください。

## ◆「破産欲」が私たちをゼロに戻そうと働きかける

ビジネスをおこなっていると、いいときばかりではなく悪いときも必ずやってきます。

そんなとき絶対にやってはいけない掟《おきて》があります。

**マイナス感情のときには「行動」「発言」「決断」をしてはいけない**ということです。

大半の人は悪いときにこそ一発逆転を望み、深みにハマり抜けることができなくなります。

そして、もがけばもがくほど再起するどころか、さらなる地獄にハマってしまうのです。

これは罠以外の何ものでもありません。

人生には流れがあります。

いい流れがあるときはいいことが続き、悪い流れのときは悪いことが続く。

これは目に見えない世界なので信じられないという人も多いと思います。人類史というのは、事実に対して科学的な解明が50年から100年は遅れるので今は見えなくても仕方ありませんが、簡単な式で表すと次のようになります。

**「悪いとき×一発逆転＝破産まっしぐら」**

このように悪いものと悪いことを掛けたところで、プラスに作用することはありません。しかし人間は悪いときこそ一発逆転を望んでしまうものです。

これには理由があります。**人間には「破産欲」というものが存在し、常に「ゼロに戻りたい」というリセット願望が根底にある**からです。だから人間は人生の最後になると、ぬいぐるみを片手に〝赤ちゃん返り〟してしまうのです。

私たちは「赤ちゃん↓子ども↓青年↓大人↓お年寄り↓赤ちゃん」と人生を辿っていきます。これは人間の本能が影響を与えることなので仕方ありませんが、大切なのは「破産欲」を刺激されないことです。

そして悪いことが続くときは「行動・発言・決断」はせず、すぐに寝ることです。

なぜならマイナス感情に支配されているときの言葉や行動は、トゲがあるからです。

たとえばマイナス感情のときに送ったメールがその典型例です。仕事でイライラしているときに、なんとなくその状態がメールの文面に表れるという経験をしたことがある人も少なくないと思います。心が正常なときに見返すとすぐにわかるのですが、マイナスが伝染しても仕方ないと思えるほどトゲのある内容がそこには書かれています。

しかし**メールを送った相手には、あなたの心の状態など関係ありません。**キツイ文章という残骸《ざんがい》が脳の奥底に傷跡として刻み込まれてしまうのです。

これではあとから言い訳したところでもう手遅れです。なぜならこの1通のメールが人間関係を破壊することも十分ありえるからです。

だからそのような過ちを犯さないためにも、マイナス感情に支配されているときは、すぐに寝るのが一番です。

ただこのように言うと「寝て解決するものなどない」と言う人もいるかもしれません。しかし悪いときにあがいたとしても、さらなるマイナスを引き寄せるだけです。

だから土砂降りの雨のなか、無理に外に出てずぶ濡れになるのではなく、雨がおさまるまでジッと待つことです。

昔から「やまない雨はない」というように、永遠に続く雨などありません。だから悪いときは焦って滑って頭を打つことのないように、すぐに寝てください。こんなときにやってくる話は、破産への招待状だけです。

## ◆預金残高がタイムリミットを決める

自分でビジネスをする際はとにかくキャッシュを意識してください。大企業のようにカッコつけて、売掛や長期精算などは絶対やってはいけません。

なぜかというと**「預金残高＝起業寿命」**だからです。

注意点は、もし仮にあなたのビジネスがうまくいかなくなった場合、多少余力を残した状態で再就職先を探さないとサラリーマンに戻ることさえできないということです。

なぜなら時間が経てば経つほど雇用条件は悪くなってしまうからです。

だから預金残高を常にチェックし、体内に血液は残っているかを把握しておく必要があります。人間は体内から血がなくなれば生きていくことができません。これは会社も同じで、会社からお金がなくなれば死を迎えます。

そしてこの**預金残高の恐ろしいところは、健康にも大きな被害を及ぼしてしまう**ということです。お金がなくなると健康な人であっても病気になってしまうことがあります。

実際に健康面に直結するストレスの要因は「人間関係」に次いで「仕事・お金関係」が大きいことがわかっています。これは非常に怖いことです。だからキャッシュはゼロにしてはいけないのです。

## ◆1人の成功者を徹底的に真似る

ビジネスをするうえでロールモデルは必要不可欠です。つまり「1人の成功者を徹底的に真似る」ということが大切になってきます。成功者を真似るということは、その人が舗装してくれた道を歩くことに等しいからです。前章で独学の危険性を書かせていただきましたので、「では誰から学ぶべきか」と気にされている方もいるでしょう。見本となる成功者の見分け方がわからなければ選びようがありませんので、見本にする人の選び方を見ていきます。

**①〈探す〉**

最初におこなうことは、**3年後の自分の夢を現時点で叶えている人を探す**ということです。これは仕事面だけでなくプライベートや収入面も含め、総合的に見てください。

**②〈真似る〉**

次に、その見本となる成功者が見つかったとしたらとにかく**100％真似します。話しているることや読んでいる本、さらには食事や意識していることなど、1％も見過ごしてはいけません。**なぜなら、そこには3年後の自分の理想像がすでにリアルとして存在しているからです。だから100％完璧に真似しなければいけないのです。

シンプルですが、たったこれだけです。

しかし私たちはなんとなく「真似することは悪だ」と教えられてきた文化があるので、完璧に真似したつもりでも無意識に小さな誤差が生じてしまうものです。

私も以前、先生を完璧に真似したつもりだったのですが、先生が抱えるお客様と私のお客様の層が違っていました。この状況を見て確信しました。

それは、**いくら100%真似しているつもりでもズレていく**ということです。これまでの経験や育ってきた環境が大きく異なるため、当然のことなのかもしれません。

ですが、真似をせずに独学で間違ったことをしていたら、成功できるものも成功できなくなります。だからとにかく最初は意識して100%真似してください。そうすることで最短最速でビジネスにおける成功を手にすることができるようになります。

**ビジネスにワープはありませんが、近道は確実に存在します。**

それが、「1人の成功者を徹底的に真似る」ということです。

# ◆チャンスは金で買うものだ

「チャンス」を誤解している人がいます。

チャンスは〝向こうから無料でやってくる〟と思い込んでいる人があまりにも多いのですが、そうではありません。

正しくは**「チャンスとは、お金を払えば誰でもチャレンジすることができるもの」**です。

ポイントは「チャレンジ」というところです。

「やってくる」ものではなく平等にチャンスを受けることができるということです。

しかし多くの人はここを誤解してしまいます。

そのため、最初はチャンスに見えた話でも、ふたを開けてみると「詐欺に騙された」と嘆く羽目となるのです。

ただ、考えてください。

ビジネスとは価値交換なので、何もないあなたのところにおいしい話やビッグチャンスが舞い込むことなどありえません。

しかし自分を過大評価している人はその事実に気づくことができないだけでなく、「ようやく自分のところにチャンスがきた」と勘違いしてしまうのです。

これでは足元をすくわれ、騙されても仕方ありません。

ビジネスにおける価値とは商品やお金だけでなく、知識や経験、スキル、実績、信頼などもそれに当たります。

そのほかにも、その人が持っている人脈や開拓先などのリソースも価値となるので、価値を持っている人のところにはチャンスがどんどん舞い込みます。

ただ、ここで注意も1つだけあります。

**それは「相手が感じる価値」を持っていなければ、それは価値として認められないということです。**

たとえば、すばらしい商品なのに売れなくて困っている人がいます。

それは本人が「すばらしい」と言っているだけで、相手からしたら「価値なし」ということだって平気でありえます。

その場合、その人は残念ながら「価値を持っていない」ということになります。

大切なことは、相手が感じる価値をあなたが持っているのかということと、その価値を交換して一緒にビジネスをおこないたいと思うかどうかです。

このように言うと、大半の人は「私は相手が望む価値を持っていません」と言うと思います。だからお金が必要なのです。

先ほども言ったようにお金は1つの価値です。

**だからお金を払えば誰でもチャレンジすることができるのです。**

ここが成功者と貧乏人の違いです。

貧乏人はお金をかけずに夢を妄想し、一生やってくることのない「いつか」を信じてしまいます。しかし成功者は自分が持っている価値やリソースをよく理解しているので、相手が感じる価値を自分が持っていないとなれば、「お金を使えばチャレンジできる」という発想ができるのです。

だから成功者は凡人には追いつくことのできない速度で、加速度的に上がっていってしまうのです。

ここで目くじらを立てて「お金がなければ成功できないということか！」と思ったあなたは、考えをあらためる必要があります。**あなたが相手に提供できる価値は、お金以外にもあるはずです。**

## ◆成功者と凡人は、悩む箇所が違う

もう1つ成功者と凡人とで面白い違いがあります。

それは「悩む箇所の違い」です。

凡人は何か決断しなければいけないときなど、人生の分岐点でグチグチ悩みます。

しかし成功者は、分岐点に悩むことはありません。

なぜなら、自分の得たいゴール（目的）が明確になっているからです。だから分岐点が来た際にも悩むことなく即決することができるのです。

これが「成功者は決断が早い」という所以《ゆえん》になります。

ここで「成功者はまったく悩まないのか……」と誤解する人がいるのですが、彼らも当然人間なので、頭を抱え悩むことはあります。

しかし、悩みの〝質〟が違うことで、決断のスピードに大きな差が出ます。

凡人は分岐点でグチグチ悩んでしまうので、無駄に時間を浪費します。

逆に**成功者は分岐点では悩まず「どうしたらゴールまで最速でたどり着けるか」を悩むのです。**

このように同じ考える時間を過ごすにしても、悩む〝箇所〟と〝質〟が違うということです。

分岐点に悩む時間を使うほどバカなことはありません。

なぜならその時間は一歩も進むことができず、ほかの時間までも奪われてしまうからです。そこに悩む時間を使うことには、ほかに起きている損失まで見えていないということです。だから凡人は努力とは裏腹に成功が遠ざかってしまうのです。

まとめるとこうです。

**・凡人は分岐点に悩むことで、ほかに発生している損失に気づけていない**

**・成功者は自分のゴールが明確なので、分岐点では悩まずその先の目的達成に時間を使う**

この2点を覚えておいてください。

人間にとって時間だけは平等に与えられた権利です。

その時間の使い方によって成功までの速度が変わるだけでなく、ほかに損失などの悪影響を与えるということも知らなければいけません。

これはビジネスだけではありませんが、自分の目指すゴールが明確になっているならば成功の扉が開きます。

そして、それが自分のなかで常に明確になっている人は、分岐点が来た際にも頭を抱えることはなく即断即決して前に進むことができます。

あとはそのゴールにいち早くたどり着けるかどうかが変わるだけです。

このような思考法を持っていると、分岐点は自らの意思でつくり出すことができます。

決して向こうからトコトコ歩いてくるものではないのです。


チャンスも同じです。

チャンスは向こうから歩いてくるものではなく、自らつくり出すものです。

この考えさえ脳に叩き込み、脊髄の奥底に浸透させることができれば、**人生は自らの意思で設計できる**ものということがわかるはずです。

あなたの人生は、あなただけのものです。

他人が決めるものではありません。

だからこれからは他人が提唱する儲け話に騙されるのではなく、自分が信じる道を堂々と胸を張って歩いてください。

## Chapter 02　まとめ

- ○自分が「安定思考型」「リスク回避型」のどちらかを知る
- ○「市場選定→リサーチ→集客→セールス→納品→アフターフォロー」がビジネスの流れ
- ○岩をも穿つほど一点集中する
- ○合言葉は「もっともっと」
- ○短期的欲求をコントロールする
- ○「悪いとき×一発逆転＝破産まっしぐら」
- ○キャッシュを意識する
- ○100％真似しているつもりでも必ずズレていく
- ○お金を払い、チャレンジする権利を得る
- ○ゴールを明確にして、即断即決する

Chapter 03

# つぶれない
# ビジネスを
# 構築する

3章では実際にビジネスを構築するうえで、
どのようなことを意識していけばいいのかをお話ししていきます。
これは永続的に繁栄する、つぶれないビジネスのために
とても重要な部分です。
踏み込んだ具体的なところまで公開していきますので、
メモの用意をしてから読み進めてください。

# ◆ビジネス以上の投資はない

あなたは株や不動産などの投資をしていますか？

投資をした経験がない人のために簡単に解説すると**「100万円かけて1年後に130万円になるのが、年利30%の投資案件」**です。

これだけ見れば何もせずに1年で30万円が入ってくるので、非常にいい話に聞こえますし、今は銀行の金利もつかない時代なので、銀行の定期預金と比べてもすばらしい結果だと感じるでしょう。

ただ、同じ100万円でも使い道を広げると、この30%の印象はガラリと変わります。

たとえば、あなたがこの100万円を資本金にして会社を設立したとします。

その場合、初年度の売上が30万円だとしたらどのような印象を持ちますか？　その会社は、はたして成功していると言えるでしょうか？

おそらく、大半の人は「これじゃ給料も出ないよ」と嘆き悲しむはずです。

ここで面白いのが、金額自体は先ほどの投資案件と変わっていないということです。
**・100万円の投資案件（年利30％）→1年後30万円の報酬**
**・100万円の資本金で会社設立→初年度の売上30万円**
このように数字は同じであっても、取り組む内容で印象は180度変わります。30％の投資案件は英雄となり、30万円を売上げた会社は給料も払えないクズ会社と呼ばれる。

しかし、異なる角度から見るとさらに違った解釈ができます。

それは**「会社をつくったほうが大きなチャンスがある」**ということです。

投資で30％案件を探すのは大変でも、ビジネスで年間30万円稼ぐのは簡単です。しかし多くの人はビジネスではなく投資に手を出してしまいます。そして火傷する。

なぜなのか？

「投資＝片手間でもOK＝副業でもやれる」という感覚があるからです。

しかし、その〝片手間〟という安易な気持ちが心に隙間をつくり、大損するという最悪な結果を招き寄せてしまうのです。

考えてみてください。

金銭的リスクから見ても、自らビジネスをおこなったほうが安全です。投資と違ってすべてを自分でコントロールすることができるからです。

ゼロから立ち上げる起業のやり方を知ってしまえば、極論、資金ゼロであっても稼ぐことは可能です。しかし投資は違います。少なからず元手の資金が必要になってくるのです。

**・投資→元手の資金が必要→かなりよくても30%の利率**

**・ビジネス→資金ゼロでもOK→1億円も夢じゃない**

という感じです。

そうは言ってもビジネスは遊びではありません。

片手間で1億円稼げるほど甘い世界ではありません。知識、経験、スキルがものを言い、資金があるとないとでは戦い方も選択肢も変わってきます。

逆に言えば、これは平等な考え方と言えます。ビジネスは価値交換なので、お金という価値を持っていない人は時間と労力で補う必要がありますが、お金という価値を持っている人は、時間を手に入れることも労力から解放されることもできるのです。

なぜなら、お金を使うことで自分が働かずともビジネスが回る仕組みを手に入れることができるからです。

## ◆固定経費を極限まで下げる

ビジネスで大切なのは売上だけではありません。

売上から経費を引くと利益が残ります。ということはビジネスをする以上、経費についても目を光らせる必要があります。

そのためにまず知っておかなければいけないことは、2つの経費についてです。

ビジネスは、「固定経費」と「変動経費」で成り立っています。

この2つを簡単に説明すると、

**・固定経費→家賃や社員の給料など、毎月固定でかかる経費**
**・変動経費→交通費や交際費など、毎月流動的に変わる経費**

というものです。

注意してほしいことは「起業時は固定経費を持ってはいけない」ということです。

このように言うと「私は店舗型なので、お店がなければできません」という人がたまにいますが、もっと頭を使ってください。

**店舗という形態でも、固定ではなく変動経費にすることはできないかを考えるのです。**

たとえば、売上が見込めないときは大家さんに交渉し、家賃を売上の歩合にすることはできないか、また仮設店舗でテスト販売することはできないか、などを考えるのです。

このようなことは世界企業となっている会社でもやっていることです。

あのアップルはガレージから創業したという逸話もありますし、あのダイソーは車に商品を積み込み移動販売からスタートしました。

だから規模の問題ではないのです。

しかしビジネスを数ヵ月でつぶしてしまうような人は、この固定経費の恐ろしさを甘く見ています。

都心の一等地に事務所を構え、黒髪のスレンダー美女を受付におき、重厚なソファーに肘をつき、いばり散らしてしまうような会社……生き残ることはありません。

なぜなら都心の事務所もスレンダー美女も、受注や売上には何の影響も与えないからです。むしろ利益を食いつぶすだけのお荷物でしかありません。

あなたがまず考えなければいけないのは、経費を極限にまで下げ、固定ではなく変動経費にすることはできないかということです。

ここで勘違いして欲しくないのですが、投資するものはケチってはいけません。

たとえば名刺です。名刺というのはファーストアプローチする際の武器です。

この武器をケチって自宅のプリンターで印刷する人がいますが、**お金を生み出すものは消費ではなく投資であるため、そこでケチってはいけません。**

ただし、経費を無駄にしろということではなく、安くてもいいものを扱う努力は必要です。そのうえで、投資は大胆におこなうことが大切になってくるのです。

# ◆「消費」ではなく、すべて「投資」で考える

「消費」に関しては徹底的にケチる必要があります。なぜならお金を生み出さないものにお金を使ってしまうと、歯止めなく出て行ってしまうからです。

だから**「投資」は大胆に、そして「消費」は徹底的にケチる**ことが重要なのです。

たとえば食事についても、消費と投資でわかりやすく考えることができます。

「投資を大胆に」という観点で見た場合、食事代としてではなく、その相手と過ごす〝時間〟に対し支払うという感覚です。仮に年収1億円の人と2時間一緒に過ごしたとします。その場合、その人の時給を考えたらとてつもない金額になります。これがたった数万円の食事代で済むのであれば、これほど安い投資はないと言えます。

一方、「消費はケチる」という観点で見た場合、とくに健康などを気にしない人であれば、迷わず50％オフのお弁当を誰よりも先に奪い取る勇気が必要です。

このように同じ食事でも使い分けが必要だということです。何でもかんでもお金をかけていたら、貯まるどころか常にお金に追われるようになります。

## ◆報酬はサラリーではなく結果で受け取る

起業家は、時間や労働が収入に比例することはありません。

たとえばファーストフードを経営する社長は、ハワイに行きゴルフをしている間もアルバイトさんがハンバーガーを焼いて商品を提供すれば、お金を受け取ることができます。

自分が働かずとも相手に価値を届けることができれば、お金をもらうことができるということです。しかし価値を相手に届けることができなければ、1週間寝ずにコツコツがんばったところでお金を得ることはできません。

このように起業家とは、プロセスではなく「結果がすべて」です。

それに対して会社員の場合は、サラリーというかたちで報酬を受け取ります。会社員の場合は、仕事に対するプロセスなども査定対象として評価されるため、時間で給料を受け取るのが常識となってしまいます。

**しかし起業家は、時間ではなく価値が報酬に変わります。**

**・商品**
**・時間**
**・実績**
**・スキル**
**・知識**

**これらすべてが価値であり、お金と交換することができます。**

このような視点を持つことができれば、無尽蔵に資産を増やしていくことができます。

なぜならば価値の量が、売上や収入に比例するからです。

ポイントは、「相手が望む価値」がお金に変わるということです。

ここを間違えると、同じ商品であっても嫌われてしまいます。大切なのはお金を払うお客様が何を価値と感じ、何にお金を払いたがっているかを知ることです。

そこさえ間違えなければ大きく外すことはなく、何をすればいいのかわからないというジレンマからも解放されることになります。

そのためにも、とにかくスポットライトはお客様に当ててください。

## ◆ローンのカラクリに踊らされるな

あなたは借金をしていますか？

これは住宅ローンも例外ではありません。

ローンというのは利息から返済するような仕組みで返済計画が組まれています。**貸した側が取りっぱぐれのないように、自分たちのお金からまずは回収し、実際に貸付したお金はスズメの涙ほどしか返済されない仕組みになっています。**

これでは誰のための引き落としなのかわかりません。見方によっては、銀行員の給料を自分の口座から差し引かれている気分です。

これは住宅ローンに限ったことではありません。

車を買う際のカーローンも基本的に同じです。

自動車会社の決算書を見れば一目瞭然ですが、**収益の8割はローンでの収益が計上されています。**もちろん時代の流れや相場などで多少上下はしますが、それでもローンからの収益はバカになりません。

その証拠にカーローンの利息を見れば一目瞭然です。ほかの利息に比べ異常に高い金利で貸付されているのです。しかも住宅ローンと同様で貸付金が一向に減ることはなく、先に利息分から回収する仕組みになっています。

さらに自動車業界を研究すると面白い事実が見えてきます。

たとえば中古車販売の店などは、一括払いにはサービスをつけずにローンを組む人にはたくさんの〝おまけ〟をつけるのです。

ローン会社からのバックマージンの手数料がたくさん入るため、おまけをつけても痛くもなんともないという仕組みです。というより、むしろローンが組まれないと収益の高いビジネスをおこなうことができません。ここが中古車販売店の裏の儲けのカラクリです。

つまり、

**・自動車→単発収益**

**・ローン→課金ビジネス**

というような構造になっているということです。

このように借金や利息をビジネスにしているところは、原価をかけることなく貸付利息がすべて利益になるということです。

しかも回収は先取りでおこなう契約で組み込まれてしまうため、回収リスクは極限にまで下げることができてしまうのです。

これは逆の立場で考えたら、たまったものではありません。お金を払ったからといって何か商品が手に入るわけでもなく、特別なサービスが受けられるということもありません。「お金を借りた」というだけで対価が発生してしまうのですから。

## ◆「PDCA」を回した数だけ、勝利につながる

2つ質問をします。

**「これまでに自分が取り組んで、うまくいった方法を把握できていますか？」**

**「逆に、うまくいかなかった方法はどうですか？」**

この2つの質問に即答することができなければ、あなたはビジネスをしている〝つもり〟なだけである可能性があります。いや、ビジネスではなくギャンブルをしているのと同じと言ってもいいかもしれません。

成果を出すのが上手な人には共通点があります。

自分の得意不得意が明確だということです。ここが大きな違いです。

がんばっているにも拘らず成果を出すのがヘタな人は、自分のうまくいった方法ではなく、他人が提唱する嘘か本当かどうかもわからない情報に翻弄《ほんろう》され、火傷してしまいます。これではいつまで経っても楽になることなどありません。

2章で「成功者はうまくいった方法を、うまくいかなくなるまで続ける」と書きましたが、まさにそれです。あなたがビジネスを設計し、計画通りに売上を上げたいと望むのであれば、新しい手法ではなく過去の自分がおこなった手法のなかでもっとも成果につながったものを調べてください。

もしかしたら、その手法はアイデアも斬新さもないかもしれません。しかし、**その手法があなたにベストマッチであるとすれば、反応がなくなるまで続ける必要があるのです。**

新しい手法はたしかに魅力的ではあるのですが、その手法が自分にマッチし、成果につながるかどうかなどわかりません。

もちろん、あなたが暇で、お金も掃いて捨てるほどあるのであれば、新しい手法を試すのもありかもしれません。

しかしそれではワクワクが手に入るだけで、リターンが見込まれる確率は限りなくゼロに近いです。

なぜならビジネスはテストの繰り返しだからです。

要は「ＰＤＣＡ」をこなした数が成功につながっているとも言えるのです。

誰だって１回目から成功することなどないからです。

このＰＤＣＡがわからない人のために少し解説します。

**【Ｐ（Plan）】……計画**

**【Ｄ（Do）】……実行**

**【Ｃ（Check）】……評価**

**【Ａ（Action）】……改善**

このようにビジネスとは４つの項目をグルグル回し、向上させているにすぎません。

そのためこの数が多ければ多いほど経験値は上がり、比例して成果につなげることができます。今成功している人の全員が、天才だったから成功したというわけではなく、単に失敗を改善し、成功につなげた数の結晶が今の成果だということです。

ここでのポイントは「最初から成功はない」ということと、「改善を繰り返せばいつかは成功につながる」ということです。

あとは成功を信じて継続できるかどうかが、成否を分けるということです。

大成功し天才と呼ばれている人であっても、**100回の失敗を改善し繰り返した結果、ようやく1回成功したにすぎません。**

ですので、あなたも失敗を恐れるのではなくまずは一歩を踏み出してください。

そうすることで、そのうちのいくつかが成果につながります。

あとはあなたのベストマッチを探すだけです。そして自分のベストマッチを探すことができれば、成功は確約されたようなものです。

なぜなら、量は質を向上し、やればやるほどうまくなるからです。

## ◆「成功モデル」を自分に当てはめる

私は、ビジネスを外すことがありません。

それは能力が高いわけでも、才能があるからでもありません。

単に成功しているモデルを知り、飽きもせず同じことを繰り返しているからです。

たとえば1章でも書いた**「商品は変えてもお客様を変えてはいけない」**という教えです。

これは私が考えたことではなく、セールスやマーケティングを学んでいる人であれば常識中の常識です。

しかしその教えをきちんと守り、できている人はほとんどいません。

知っていても忘れてしまう人が多いからです。

これでは成果が出なくて当然です。

そのほかにも**「集客商品と収益商品を分ける」**という教えがあります。

こちらも同様に、ビジネスを学んでいる人はなじみある戦略の1つなのですが、それを実務に落とし込みビジネスとして使いこなせている人はほとんどいません。

**彼らは、ノウハウを学ぶことがゴール（目的）になっているからです。**

これではせっかくの武器が錆びてしまいます。

どちらも100年以上前から「成功モデル」ということで伝承し、引き継がれています。それを無駄にすることなく、素直に受け入れ使いこなせるかどうかだけの違いです。

私の場合はいい意味でこだわりが少ない性格なので、成功モデルを抵抗なく受け入れることができます。

だから結果としてビジネスを外すことがないのです。

とはいえ「そんな簡単に成功モデルがわかれば苦労しないよ」と言う人もいるかもしれません。答えは簡単です。

競合他社に教えてもらえばいいのです。

このように言うと「バカかお前は、ビジネスをわかっておらん」とお叱りを受けるかもしれませんが、わかっていないのはこのようなマヌケ発言をしてしまう人です。

なぜなら競合他社は敵ではなく仲間だからです。

## ◆競合他社を最高の味方にする方法

あなたのビジネスがうまくいってなかったとします。しかし、同じ業態のライバルはなぜか非常にうまくいっている……。

こんなとき、あなたはどうすればいいでしょうか？

答えは簡単。**ライバル（競合他社）に聞けばいい**のです。

ただし、簡単に教えてくれるお人好しはそういません。

だから事前に仲間になっておく必要があります。

もし仲間にならずにライバルの真似をしてしまうと、ビジネスで外す可能性が格段に上がります。

なぜなら**そのライバル会社の戦略や戦術で本当に効果が出ているのかどうか、知るすべがないからです。**

たまに同業他社の展示会などに参加して、パンフレットをかき集めて参考にしてしまう人がいますが、それは一番やってはいけないことです。

これは著作権などの問題ではなく、それが儲かっているかどうかが未知数だからです。だから表面部分だけを真似するのは危険なのです。

これは少し想像すればわかることです。

儲かっていないチラシを競合他社から拝借し、それを真似たところで儲かるチラシができるはずありません。ダメなものを参考にしてもダメなものができあがるだけです。

だから事前にライバルと友達になっておく必要があるのです。

なぜなら**ライバルがあなたの代わりに自腹で市場の反応をテストしてくれている**からです。これを活用しない手はありません。そうすれば限りなくビジネスを外すことはなくなり、ライバルとともに業界を盛り上げていくことができます。

ただし、これは持ちつ持たれつの関係なので、**貴重な情報を回してもらいたいのであれば、あなたも出し惜しみすることなくライバルに価値ある最高の情報を提供する**必要があります。そうすることで、あなたはライバルからも一目置かれる人気起業家の仲間入りを果たすことになります。

ビジネスは1人で勝ち残れるほど甘くはありません。

しかし、ライバルとタッグを組み情報共有することで、仲間に支えられながら夢を叶えることができるようになります。

だから競合他社だからといってコソコソ逃げるような真似をするのではなく「ライバルは敵ではなく仲間」だということを忘れないでください。

ここさえおさえておけば、あなた1人だけ餓死するということはなくなります。

## Chapter 03　まとめ

- ○株式や不動産投資よりも起業のほうがチャンスは大きい
- ○固定経費ではなく変動経費にすることはできないかと考える
- ○「投資」は大胆に、そして「消費」は徹底的にケチる
- ○価値の量が売上や収入に比例する
- ○ローン↓課金ビジネス
- ○借金↓利息ビジネス
- ○「PDCA」をとにかく数多くこなす
- ○成功したモデルを素直に受け入れるだけ
- ○競合他社は敵ではなく仲間

Chapter 04

# 死ぬまで
# お金に困らない
# 「超・起業思考」

ここからはいよいよ「超・起業思考」を持っている人が、
日々どのような発想で物事に取り組んでいるのか
ということをお話ししていきます。
これらが身につけば、あなたは今後どんな障害に直面しても、
問題なく乗り越えていくことができるでしょう。

## ◆失敗は存在しない

世のなか「失敗したくない」と怯える人ばかりです。

しかし、そもそも失敗というものは存在しません。これは事実です。

このように言うと「そんなことはない。私の人生失敗だらけ」という人がいますが、それは「失敗だ」と自分で決めつけただけです。最後までやらなければ本当に失敗したかどうかなどわかりません。

何事もそうですが、行動すればよくも悪くも結果が出ます。よければ成果となり、悪ければ改善すればいいだけです。

**・行動→結果↘よい→成果**
**↙悪い→改善**

これだけのシンプルな話です。

しかし失敗を恐れる人はこの概念がありません。

爆発的な成果がないと、すぐに失敗だと決めつけてしまうのです。

爆発的な成果など、成功している人であってもそう出すことはありません。

これは世のなかのベストセラー本を見ればわかります。大手出版社であっても大ベストセラーと呼ばれる本は年に数冊あれば御の字です。

しかし成功と妄想を混同している人は、このあたりを理解することができません。成功者は毎回ヒットを出して、失敗していないと思い込んでいるのです。

そうは言っても勝者と敗者には大きな違いもあります。

能力や才能などではなく、見えている世界がそもそも違うのです。

**それは、物事は1つであっても「解釈は無限」だということです。**

**そして、その解釈次第で未来はよくも悪くも変わってしまいます。**

たとえば1000枚のチラシを出したとします。

その結果、1件の問い合わせがきました。

この結果を見て、あなたはどう感じるでしょうか？

その回答次第であなたは成功者の素質があるのか、それとも敗者のままで終わるのかがわかります。


**【回答1】1件の反応があった。これはすごい。改善すれば3件も夢じゃない。**

**【回答2】なんで1件しか反応がないの？ これじゃビジネスにならない。失敗だ。**


いかがですか。あなたはどちらだったでしょうか？

このように比較すると誰でも【回答1】のほうがいいと言うに決まっていますが、実際に障害に直面するとこのように考えることができない人ばかりです。

そしてその大半は【回答2】のほうを選び、自分の無力さや不甲斐なさに落胆し、ダメ人間のレッテルを自ら貼ってしまうのです。

ただ先ほど言ったように出来事は1つです。

1000枚配ったチラシで1件の反応があったというだけの話です。

今回は回答例を2つ出しましたが、人によってはもっと違う回答を出す人もいます。

それらの回答に正解・不正解はありません。

もちろん【回答2】を出してしまった人も不正解ということではありません。

**失敗は自分が決めるもので、他人が決めるものではないからです。**

ただ、1つだけ言えることは、自分が失敗という棚に入れれば失敗を認めることになりますが、どんな最悪な結果であっても改善を続ける限り、終わりが来ることはないのです。

## ◆どんな障害も乗り越える魔法のひと言

そうは言っても、そんなタフな感情を持ち合わせている人はそういませんし、悪い結果が続くと落ち込んでしまうのは仕方ありません。

では、どうしたら失敗恐怖症のあなたでも成功を勝ち取ることができるのか、そして、どのようにしていけば未来を切り拓く改善策に出会えるのかについて見ていきます。

それは、**ピンチのときに「魔法のひと言」を思い出せるかどうか**が大事です。

成功者は感情がタフなのではなく、何か障害や問題が起きた際に、これからお伝えする質問を何度も繰り返し念じることで乗り越えているにすぎません。

では、その魔法のひと言とは一体何か？

**「どうしたらこの障害を乗り越えられるのか？」**

この言葉で自問自答することです。

大半の人は、障害が起きた際に改善策に目を向けることができません。

「何で」「どうして」といった具合に、障害の粗探《あら》しをしてしまうのです。

しかし、いくら粗探しをして責任逃れをしたところで、問題が解消することはありません。

そんなことしたところで時間の無駄です。

数日したら忘れるのが人間です。だからそんなことしても意味がないのです。

**「今この瞬間」にある障害を乗り越えなければ、あなたに明るい未来がやってくることはありません。**失敗することや見えない恐怖に震えるのではなく、未来に目を向けることです。そのためのひと言が、「どうしたらこの障害を乗り越えられるのか？」なのです。

## ◆マインドセットが8割

「マインドセット」という言葉を聞いたことがあるでしょうか？

このマインドセットがあるとないとでは、人生の満足度や成功度が大きく変わります。

マインドセットとは、一般には「考え方の基本的な枠組み」などと理解されています。

しかし私の解釈は違います。

**マインドセットとは「迷ったときの羅針盤」です。**

その羅針盤を持っている人は、間違った方向に大きくズレることはありませんが、持っていない人は崖に足を踏み入れ大怪我してしまう可能性も否定できません。それだけ、このマインドセットというものは人生において重要なものであり、特効薬でもあるのです。

多くの人はノウハウやテクニックを追いかけてしまいます。

ですが、そこに答えはありません。

**ノウハウやテクニックというのは、マインドセットを持っている人が日々おこなっている行動をメソッド化したもの**にすぎないからです。

だからノウハウやテクニックに本質的な答えがあるわけではないのです。

しかし、マインドセットを持っている人は違います。

**ノウハウやテクニックについては「自分より優秀な人を雇えばいい」と考えているのです。なぜならノウハウやテクニックというのは時代によって変化するからです。**

その逆で、マインドセットは時代に影響を受けるものではなく普遍的な存在です。だからそれを持っている人は揺らぐことがないのです。

家でたとえると、基礎部分がマインドセットであり、うわもの（建物）の部分がノウハウやテクニックにあたります。そして、マインドセットがない人がノウハウやテクニックを学んでも使いこなすことができないのは、基礎部分がそもそも存在していないため、少し風が吹くと崩れてしまうからなのです。

基礎が固まっていない人は、その微風ですら少しあたるとフラつき崩れてしまいます。

これでは、いつまで経っても家が完成することはありません。なぜなら基礎がなく家を建てることは、物理的に不可能だからです。

## ◆「努力した」と感じているならば、それは努力ではない

かの有名な発明家、トーマス・エジソンは「天才は1%のひらめきと99%の努力」という名言を残しました。

しかし多くの人は努力することから目を背け、簡単に儲ける方法を模索してしまいます。

これでは成功できるはずもなく、妄想するだけの人生から抜け出すことはできません。

そんななか、ビジネスを成功させる人には共通点があります。

それは、自分は後発組だと身をわきまえて、ヘタながらも量をこなす人です。

これは子どもの教育の研究結果でも明らかになっていますが、学力の差は勉強時間に比

例します。「勉強時間＝成績」です。これはビジネスにも同じことが言えます。

**成功している人は才能やセンス以上に、誰よりも量をこなしてきたということです。ただ、ここで面白いのが本人は努力しているという感覚がないことです。**

なぜなら、ビジネスに集中しているときはゾーン（極限の集中状態）に入っているため、努力しているという自覚がないのです。そのため、こういった人は「気づいたら朝だった」ということも日常茶飯事で、**努力を努力と感じない**生き方をしています。

そしてゾーンに入れる人は、ビジネスのセオリーさえ間違えなければほぼ100％成功することができます。なぜなら量をこなすことが習慣化しているからです。

## ◆「パーキンソンの法則」を意図的に起こす

「パーキンソンの法則」をご存じでしょうか？

これは、英国の歴史学者シリル・ノースコート・パーキンソンが提唱した法則で、「仕事の量は、完成のために与えられた時間をすべて満たすまで膨張《ぼうちょう》する」というものです。

わかりやすく説明すると、

**「限られた期間のなかでおこなう作業は、クオリティが最大化する」**

ということです。

期限が決まり追い詰められたときに、自分が想定していたものよりも高いレベルで仕上げることができた、という経験があなたにもあるのではないでしょうか。

これを偶発的におこなうのと、意図的におこなうのとでは意味合いが異なります。

**成功者はこの法則を意図的にうまく活用しています。**

限られた時間のなかでパワーを最大化し、最高のクオリティと品質を約束するのです。

今でこそ私もこの法則をうまく活用することができていますが、最初のうちは意識しておこなっていたわけではありません。たまたま案件が重なり追い詰められたことで、底知れぬパワーに出会うことができたのです。

最初はあまりに偶発的だったので、まさかそういった法則が人間のなかで作用しているとは気づくことができませんでした。

しかし、あまりにも爆発的なパワーを繰り返し実感するようになり、何か因果関係があるのではということで調べ始めたのがきっかけです。その結果「パーキンソンの法則」の存在を知り、意識的に使いこなせるようになったというわけです。

私の場合この法則をどのように活用しているのかというと、たとえば「執筆」です。

私は書籍を2週間で書き上げます。

最初の1週間ですべてを書き終え、残りの1週間で推敲《すいこう》をおこないます。とはいえ比較対象がないとこのスピード感をイメージすることができないと思いますので、ほかの方と比べてみます。以前、作家仲間に聞いてみたのですが、私が2週間で1冊を書き終えるのに対し、その方は半年から1年かけて書き終えるイメージでした。

これは私がすごいということではなく、単に**「パーキンソンの法則」を意図的に操り、限られた期間のなかでパワーをコントロールしているだけ**です。

これは特別なことではありません。期限を決めて避けられない状態をつくり出すことができれば、あなたもすぐに活用することができます。

## ◆成功することが怖いかい？

人間は意外なところでブレーキをかけ、恐怖に怯えています。

たとえば成功に対する恐怖です。

このように言うと「成功に対する恐怖？」とあなたは首を傾げるかもしれません。

失敗に怯え恐怖を抱えるのであれば理解できるかもしれませんが、どうして成功に対して怯えるのか理解することができないからです。

**人間は成功に直面すると尻込みし、恐怖を感じてしまうのです。**

たとえば成功が近づくと、このような恐怖が頭を支配するようになります。

「一気にたくさんの受注を獲得してしまったらサポートしきれるだろうか？」

「多くの顧客を一度に抱えることで対応が追いつかず、クレームは発生しないだろうか？」

「こんな自分がたくさんのお金をもらっていいのだろうか？」

このように、まだ起きてもない事象に対して恐怖を感じてしまうのが人間です。

この本当の恐ろしさはこれだけではありません。

**スランプに陥るのです。**私もこの罠にハマって、急に文章が書けなくなったことがあります。正直このときは理解することができませんでした。なぜなら、かつての文章に戻すために色々と文章を学んでも、一向に解決する兆《きざ》しが見えなかったからです。

そんなとき成功に対する恐怖の話を先生から教えてもらうことができました。

**成功を目前にすると恐怖が襲いかかり、知らぬ間に眠くなったりスランプに陥ることがあるというのです。**これが成功することへの恐怖です。

しかしこれは、よく考えてみたらおかしなことであり幻想です。

なぜなら成功してもいないのに成功したあとのことを考えているからです。

それはそのときになってから考えればいいのです。

これを知ってから「恐怖は幻想」だと気づき、スランプから脱することができました。

このように本質的な根源の部分を見誤ると、私のように「文章を学ぶ」といった遠回りをしてしまいます。しかし原因を知り、その恐怖は幻想だということがわかれば、解決することはさほど難しくありません。なぜなら元々の恐怖は幻想にすぎないからです。

## ◆怖いと思ったら迷わず「ＹＥＳ」を選ぶ

「成功は恐怖の先にある」と言われています。

アスファルトで整備された道であればダッシュすることができますが、先の見えない獣道で走ることはできません。その先に何があるかわからないし、崖から落ちる可能性もゼロではありません。だから走ることができないのです。

しかし一度通った道は違います。

すでにそこに何があるかわかるので、歩くことも走ることもできます。

ただ、それは経験があるからであって、始めから今の状態があったわけではありません。

そうではなく、1回でも歩いた経験があるからこそ、その道は安全だと認識することができるのです。

ここでのポイントは、**歩く前は恐怖に感じていたものであっても、歩き終わるころにはそれが幻想だったと知ることができる**ということです。

私も生まれて初めておこなったセミナーは非常に怖くて震えていました。しかし実際にセミナーを終えてみると、何に恐怖を感じていたのかよくわからなくなりました。

このように新しいことは先が見えないので恐怖に感じても仕方ないのですが、通ってみたら案外何もなかったということに気づくことができます。

だからあなたも何か新しいことを始める際、怖いと感じたら迷わず「YES」と言ってください。なぜならそれは幻想であり、一度体験してみたら何も怖いことなどないということがわかるからです。

それでも新しいことが怖いというのであれば、先人がつくった舗装された道を歩いてください。それだけで安全かつ快適に進むことができます。

それでもまだ心配だという方は、コンサルタントなどの先導者をつけて寄り添ってもらいながら進んでください。

それだけでほかの人の何倍ものスピードで成功することができます。

## ◆〝ありがたい意見〟で破滅に向かうな

「アドバイス」と「意見」。

この2つの言葉のニュアンスと意味の違いを意識したことがあるでしょうか?

もしこの違いを理解できずに、聞いてはいけない人に「意見」を聞いてしまったら人生を破滅させてしまう可能性すらあります。

**「アドバイス」は専門家や経験者が言えるもので、「意見」は誰にでも言えるものです。**

この「意見」の恐ろしいところは、もっともらしく聞こえてしまうということです。

だから多くの人はその内容に翻弄され、苦しみの罠にハマってしまうのです。

たとえ話を1つします。


おとといの夜から咳《せき》が止まらず、熱が上がってきました。

そんなとき、あなたは眼科に駆け込むでしょうか？ もちろんありえません。

では、そのつらい身体を引きずり、税理士さんに「咳が止まらない」と相談をしに行くでしょうか？ こちらもありえません。

しかし、眼科の先生も税理士の先生も意見は言うことができます。

「それって風邪じゃない？」

その意見を真に受け信じてしまうと、それがたとえば肺炎であった場合、死ぬこともありえるのです。


わかりやすく説明するために少し極端な例を出しましたが、起業するとなると、無責任な意見を言う人がまわりにたくさんいることに気づきます。

しかし、それはあくまで意見であってアドバイスではありません。

起業経験のない人の発言は、アドバイスではなく、ただの意見にすぎないのです。

ここを間違えると明るい未来を閉ざすことになります。

なぜなら家族や友人は、自分の現実で物事を解釈して「意見」を言うからです。

**「この不況のなか起業などしたら生き残ることなどできず、借金を抱えるだけだ。絶対にやめておきなさい」**

一方、起業して成功している人に聞くと真逆なことを「アドバイス」してくれます。

**「起業したほうがいいよ。起業したらお金だけでなく自由も手に入るし、なによりも毎日がエキサイティングだから」**

このように、同じ起業に対する回答であってもまったく違うのです。

ここでのポイントは起業していて、なおかつ、うまくいっている人に聞くことです。

起業経験があったとしても失敗してアルバイト生活を余儀なくされている人は、反対するに決まっているからです。

ただこのように言うと「自分の起業に賛同してくれる人の意見だけ聞けばいいの？」と

誤解する人がいますが、そうではありません。

自分の未来を見据えたアドバイスをしてくれる人に聞かなければいけないのです。

もちろん、そのなかには厳しい発言も含まれるかもしれません。

しかし、それはあなたの未来をつぶす話ではなく、未来を壊さないための「アドバイス」だということです。

ここさえ間違えなければ、無責任な発言に振り回されることはなくなりますので、まずは目の前の人が意見を言っているのか、それともアドバイスしてくれているのかを見極めてください。これで人の言葉に振り回されて失敗や後悔をすることはなくなります。

## ◆「信用」を勝ち取るもっともシンプルな方法

信用される人間と、信用されない人間はどう違うのでしょうか？

このようにあらたまって言われると「信用される人間？」と頭にクエスチョンマークが浮かぶかもしれませんが、ビジネスにおいてこの「信用」は必須要素であり、欠かすことのできない項目となります。

これまでに誰もが「信用」という言葉は耳にしてきたと思いますが、それをどうやって勝ち得ればいいのか考えたことがある人は少ないのではないでしょうか。

何事もやり方があるように、この信用を得るにも方法論というものが存在します。

**それは「思考・行動・発言の3つを、すべて一致させる」ことです。**

この答えにはシンプルながらも奥深い心理が隠されています。

大半の人は「痩せたい」といいながらもポテトチップを食べ、ぐびぐびビールを飲む生活から抜け出すことができません。しかしこれでは痩せるはずもなく、まわりからは「また言っているよ、この人」という冷たい視線で見られてしまいます。

ほかにも「成功してお金持ちになりたい」と言いながら、お笑い番組を観て腹を抱えていたら成功どころの話ではありません。

考えていること、やっていること、話していることのすべてがバラバラな人のことをあなたは信用することができるでしょうか？　間違いなくできません。

これはビジネスだけでなくプライベートも基本的に同じです。共通して言えることは、信用される人間というのは、思考・行動・発言が一致している人なのです。

## ◆人生を〝強制的に〟変えるコミットメントの法則

さらに、前項の3つの要素を一致させるということは、信用以上の効果を手に入れることにつながります。それは**「成功を加速することができる」**ということです。

私たちのなかには、「コミットメントの法則」というものが存在し、自分に約束したものは実現しなければ気が済まない性質を持っています。

自分のなかで何かを約束するということは、ある意味**自分に対する決意表明でもあるので、約束を守らなければ自分自身が苦しくなってしまう**のです。

だから、自分にコミットさせることは非常に重要で、達成確率が格段に上がるのです。

ただ、なかには「もっと速いスピードで成功したいです」と言う人もいるでしょう。

そういう人は、強制的にまわりの力も活用することです。

私もまわりの人に約束をコミットすることで、人生の歯車が大きく動き始めました。

一番大きく影響したのは家族です。私の場合、今でこそマレーシアに住んでいますが、起業時は妄想に近いレベルで大風呂敷を広げていました。

**「5年後までには海外でオーナービジネスをする。だから将来は海外暮らしするからな」**と家族にいばり散らし、本当かわからない妄想を自慢げに語っていたのです。

最初は家族もこの発言を聞いたところで「どうせ思いつきでしょ」と冷ややかな目で私を見ていたのですが、あまりにも私が何度も同じことを言うので、家族も段々とその気になっていったのです。それにもっとも影響を受けたのは妻でした。

海外での暮らしを調べ始め、子どもたちを通わせる学校を探し、住居までピックアップし始めました。そして極めつきは、海外に移住するセミナーに私を連れて行ったことです。

正直、**自分が言い出しっぺにも拘らず「セミナーに一緒に行ってほしい」と言われたと**

**きは震えました。**なぜなら口では海外生活をしたいと言いながら、私本人は妄想のなかに生きていたからです。

しかし家族は、私の発言を信じて未来への列車を走らせていたのです。

ここまで来て「ごめんなさい」などと口が裂けても言えません。

なぜなら、自分が発したひと言で家族が動き始めたからです。

**今の現実があるのは、最初にハッタリでもまわりにコミットメントしたからです。**

誰だって環境が変わるのは怖いですし、できれば今のまま幸せに暮らしたいと願うのが人間です。

今のまま過ごしていたら恐怖に襲われることもありませんが、何も変わりません。

だから、あなたが家族のために成功を望むのであれば、まずは家族に対してコミットしてください。

これは、あなたが成功するための決意表明でもあります。

## Chapter 04　まとめ

○失敗は自分が決めるもので、他人が決めるものではない

○悩んだら「どうしたらこの障害を乗り越えられるのか？」とつぶやく

○マインドセットとは「迷ったときの羅針盤」である

○「パーキンソンの法則」を意図的に使う

○成功に対する恐怖を取り除く

○「アドバイス」と「意見」の違いを知る

○「思考」「行動」「発言」の３つを、すべて一致させる

○まずは家族に対してコミットする

Chapter 05

# 「超・起業思考」を習慣に落とし込む

5章はいよいよ、ここまで学んできた「超・起業思考」を、
努力することなく続けることができる
レベルまで昇華させていきます。
いわゆる「習慣化」です。
ここがしっかりできるようになると、
あなたは口笛を吹きながら、
大きな売上と自由なライフスタイルを
手に入れることができるようになります。

## ◆40度の高熱が出ても続けることができるか？

あなたは毎日歯を磨きますか？　あなたは毎日お風呂には入るでしょうか？

大半の人は、面倒だと感じながらもこれらを毎日おこないます。

それは幼少期のころから親に教えられ、習慣化した行為だからです。そのため多少面倒であっても日々欠かすことなくおこなえるのです。

**・習慣になっていること**
**・損失を避けるための行為であること**

この2つのポイントがあるからこそ、人は「継続」をすることができます。

これはビジネスで成功を勝ち取る際も同じです。

なぜならビジネスというのは、努力して成功できるほど甘い世界ではないからです。

ただこのように言うと「そんなに厳しい世界であれば、自分には無理かもしれない」と卑屈《ひくつ》になる人もいるかもしれませんが心配ご無用です。

大切なのは努力ではなく「習慣化」です。

ビジネスというのは単発で稼げればいいというものではなく、永続して稼がなければいけません。ということは、先ほどの**歯磨きやお風呂のように、多少面倒でも日々おこなってしまう体質を身につけることが大切**なのです。

ではどのようにしたら、習慣を身につけることができるのか？

**それは、約3週間は何が何でも続けることです。**

脳科学研究の分野でも習慣化の事象は証明されています。

同じ行動を繰り返し2〜4週間程度続けることで、神経細胞間をつなぐ接合部（シナプス）がつながり、習慣化しやすくなる……とニューヨーク病院の形成外科医マクスウェル・マルツ氏が明らかにしています。

習慣化が成否を分けるとなると、何としても手に入れておきたいスキルです。とはいえ、新しいことを3週間続けるのは並大抵のことではありません。

ではどうしたらいいのかというと「40度の高熱が出ても続けられること」からスタートします。朝の挨拶をする、スマホでゲームをする時間を昨日より減らす……など、要するに**ベイビーステップで小さなことから始める**のです。

多くの人が3日坊主で終わるのはこの視点がないからです。

最初から自分を追い込むような試練を与えるから継続することができないのです。

これでは習慣化を手に入れることはできません。

そうではなく誰でもできる簡単なことから始める必要があるのです。

そうすることで習慣化は身につき、努力せずとも成功の扉を開くことができます。

## ◆すべての流れを一度経験する

面白い実験結果があります。

ピアノで丸々1曲すべてを、早く覚えて弾けるようになるには、どちらの練習方法が最適か？　という実験です。

**①　ヘタでもいいので一度すべての小節を弾き、全体を何度も繰り返す**

**②　一小節ずつ完璧にマスターし、覚えたら次に進み完成させる**

この練習方法を見て、どちらも甲乙つけがたいと思いますが、選択次第でピアノをマスターする速度が格段に変わります。

では、答えを見ていきます。

**答えは①「ヘタでもいいので一度すべての小節を弾き、全体を何度も繰り返す」です。**

これはビジネスも同じことが言えます。

各項目を完璧におこなうのではなく、まずは全体の流れを知ることです。

それが1日も早く稼ぐ方法であり、ビジネス成功のヒントでもあるのです。

ビジネスがヘタな人は「完璧」という出口のないゴールを追い求めてしまいます。しかしそんな「完璧」は幻想です。存在しません。

なぜなら人間は日々成長し進化する生き物だからです。そのため、出口のない完璧を追い求めてもゴールを手にすることはできません。

しかし、成功が早い人は少し違う思考を持っています。

それは「ゴールや目的が常に明確で、ブレることがない」ということです。

今回のケースで言えば、目的は〝1曲すべてを早く覚えて弾けるようになる〟ことであって〝完璧に弾く〟ことではありません。

多くの人は**「どうせやるなら完璧に」という罠にハマってしまいます。**

誰だって量をこなせば質は自ずと向上します。だからここで大切なのは、最後まで弾くことであって、一小節を完璧に弾くことではないのです。

## ◆100円ジュース決断法

**あなたは1億円の会社を買収する勇気がありますか？**

おそらくこのように質問したところで「**無理です**」と答えると思います。

**では、100万円の広告費であればどうですか？**

これも「**ちょっと今の自分には……**」と答えるかもしれません。

**では、100円のジュースであればどうですか？**

この程度であれば、強い眼差しで堂々と「**買うことができます**」と答えるはずです。

これは非常に興味深いことです。

なぜなら金額に差異があるだけで、決断することに変わりはないからです。

自分のキャパをオーバーするものには、瞬時に拒否反応を起こしてしまうのが人間です。

これは仕方のないことではあるのですが、ビジネスとしておこなう以上、仕方ないで済まされたらそれ以上拡大していくことはできません。

どんな問題にも打開策は存在し、この事例も例外ではありません。

今1億円の会社の買収をおこなっている社長も、最初からすんなりできていたわけではありません。誰だって最初は怖い気持ちを押し殺し、顔では平然を装いながら震える手を何とかおさえつつ商談席に座るのです。

しかしそれは束の間で、緊張していた取引も数が増えることで経験値は上がり、1億円の商談であっても緊張せずに堂々とできるようになるのです。

これは金額の大小ではありません。繰り返すことで1億円の商談に慣れただけです。

そしてこの「慣れる」ということにはもう1つメリットがあります。

それは、**本質以外の部分で惑わされた決断をすることがなくなる**ということです。

少しわかりにくいと思いますので、詳しく解説していきます。

人間は金額だけで物事を判断してしまう傾向があります。

たとえば「1万円と100万円の商品であればどちらが売りやすいか」と質問されれば、大半の人は「1万円の商品のほうが簡単です」と答えます。

では「1万円のポケットティッシュと100万円の新車のベンツの場合は」というと、金額が高いにも拘らず「100万円の新車のベンツ」と答えるはずです。

**理由は、商品が入ることで金額に対する印象が変わったからです。**

このように人は物事を判断する傾向があるのです。

しかし、慣れることで金額による影響を受けることがなくなります。

**そのための第一歩が、100円の決断に慣れることです。**

決断は日々の訓練により磨くことができますので、いきなり大きな商談の席で試すのではなく、最初は100円のジュースで練習してから金額を徐々に上げていくことです。

「100円のジュースを買うか？　買わないか？」

「お茶にするのか？　炭酸飲料にするのか？」

こうすることで、決断だけでなく直感も同時に磨いていくことができますので、まずは気軽な気持ちで、本日のジュースを直感に従い選んでください。

その繰り返しが未来の大きな決断を有利な展開に運んでくれます。

## ◆発生した損害をすべて自分で受け入れる覚悟を持つ

社長の最大の仕事は「責任を取ること」です。

ここで、ドラマのセリフにあるような「責任＝会社を辞めること」だと誤解する人がいますが、責任とはそんな軽いものではありません。

発生した損害すべてを受け入れる覚悟が責任を取るということなのです。

なぜ、このような厳しいことをこの段階で言うのかというと、責任を取れない人はビジネスをスタートすることができないからです。

なぜなら、ビジネスとは「投資」だからです。

この投資とは不動産や株というようなものではなく、広告費など、あなたの本業であるビジネスを発展させるための投資のことです。

責任を取ることができない人は、最初の段階で広告費を出すことができません。

理由はそのままで、責任を取る勇気がないからです。

これではビジネスを発展させるどころかスタートすることができません。

しかし**円滑にビジネスをスタートさせるためには、最初の段階で責任を取る勇気と決断が必要になってくる**のです。

とはいえ新しいチャンレンジに尻込みしてしまうのは人間であり、失敗したあとのことなど考えたくないと思うはずです。ビジネスはギャンブルではないため、最悪の状況も事前に考慮したうえでスタートさせる必要があります。

私の場合はどうしているのかというと、**他人と一緒にビジネスをする際は、うまくいっても失敗しても「すべて自分の責任」と考えています。**

たとえば仮に広告で失敗しても、そのすべての広告費を負担するというスタンスでビジネスと向き合っています。

こう考えることで、もめることがなくなります。

しかしうまくいかない人たちは、回収できるかわからない広告費を先に負担することができないので、ビジネスをスタートさせることができません。

これではどんなにいい企画があったとしても、その時点でお蔵入りとなります。

しかし成功者は違います。

うまくいっても失敗しても、すべて自分の責任と捉えているので、止まることなく進み続けることができるのです。

## ◆ネガティブ思考は成功の起爆剤になる

ビジネスをしていると「ネガティブは悪、ポジティブが善」と考える人に出会います。

しかし本当の成功者はネガティブを嫌うのではなく、うまくつき合い前向きに受け入れています。**成功者というのは長期的にはポジティブで短期的にはネガティブなのです。**

うまくいっていない人ほど、ネガティブやマイナス思考を嫌う傾向の人が多いのですが、
そういった人が成功できない明確な理由が1つあります。

それは、**願うだけでバックアッププランを用意しない**ことです。

ビジネスをする以上、障害が1つも発生しないということはありません。1つ終わればまた1つ……といった具合に障害のオンパレードです。

そんななか「ネガティブなことは考えない！ ポジティブシンキング！」などと言って

いたら、神頼みするしか道はありません。だから少し障害があると「自分は能力が低いからダメなんだ」と卑下《ひげ》してしまうのです。

しかし成功者は違います。自分だけがうまくいくということを、そもそも考えていません。**むしろ「自分だけは失敗するのでは？」という心配があるからこそ、バックアッププランをいくつも用意できるのです。**

これはネガティブな性格だからこそ気づけることです。

だから、ネガティブやマイナス思考が悪いということではなく、その悪の力をうまく活用することで成功の起爆剤に変えることができるのです。

## ◆あなたの解釈が未来をつくる

物事は1つです。起きた事実が目の前にあるだけです。

ただ、その物事をどう捉えるのかによって未来はよくも悪くも変わります。

たとえば、あなたが道を歩いていたら、目の前から来た人が穴に足を取られて転びました。

起きた事象は1つです。しかし解釈は複数存在します。

**【解釈1】足を引っかけたバカな人（他人事、批判しか思いつかない）**
**【解釈2】穴があるのか、危ないから避けよう（自分事に置き換えている）**
**【解釈3】前から老人が歩いてくる、教えてあげよう（受け取った情報を役立てている）**

これを見てわかるように、解釈次第でその後の人生への影響は大きく異なります。

しかし多くの人はこの事実に気づけていません。

そのため人生に不平不満を言い、変わることのない環境に愚痴をこぼし、可哀想な自分に酔いしれてしまうのです。

しかしいつの時代も出来事は1つです。

これはあなただけでなく、お金持ちであっても同じです。

ただその後の解釈や矢印の向け方で、人生は180度変わります。

先ほどの事例の【解釈1】の人と【解釈3】の人を比べた場合、5年後10年後にまったく違う人生になっているはずです。

このような出来事が1つであれば小さな差かもしれませんが、それが10個、100個と重なることで、追いつけないほどの大きな差になるからです。

これが成功者と凡人の大きな違いです。

多くの人は「成功者は恵まれた環境にいるから成功したんだ」と思いがちですが、成功者に悪いことが降りかからないということはありません。

いいことも悪いことも平等に降りかかるのが人生です。

ここで大切なのは、起きた物事に対していい解釈を持てるかどうかです。

**たとえばあなたが会社をクビになったとします。**

**その際「人生終わりだ。家族が路頭《ろとう》に迷う」と解釈するもの1つですが「これを機会に独立できるいいチャンスだ」と捉えることもできるはずです。**

このように人生とは選択であり、そしてどのように解釈するかで未来は決まります。

大半の人は「なんで自分は不幸なんだ」と卑屈になり悲劇のヒロインとして酔いしれますが、そんなことしても時間の無駄なのです。

## ◆モチベーションスイッチを探す

あなたは、やる気満々で毎日充実した日々を過ごしていますか？

それともやる気が出ずに、日々頭を抱え苦しんでいますか？

やる気があるときは仕事がはかどり、逆にやる気がないときは先延ばしにしてしまう、こういった経験はないでしょうか。

じつは、このやる気というのは急に降ってくることはなく、その前にスイッチのような出来事が影響を与えています。

これを**「モチベーションスイッチ（行動の動機）スイッチ」**と言います。

モチベーションには、いいことばかりでなく悪いこともスイッチが存在します。

たとえば、会社の上司からの電話でやる気を落として、1日を無駄にしてしまったり、朝からクレームメールを受け取り、1日暗い気持ちで過ごしてしまったという具合です。

**【スイッチ】上司からの電話→【結果】やる気を落とす**
**【スイッチ】クレームメール→【結果】暗い気持ちで過ごす**

このようにやる気には事前スイッチが存在し、そのスイッチが押されることで1日が明るくも暗くもなってしまいます。

このやる気は、仕事のクオリティや作業に大きな影響を与えます。そのため暗い気持ちで過ごすより、明るい気持ちで過ごしたほうがいいのは当然です。

とくにビジネスの現場では1秒1秒が勝負となってくるため、いかにいい状態を保てるかが成否を分けます。

とはいえ、どのようにしたらモチベーションスイッチを見つけることができるのか、あなたは疑問に感じているかもしれません。

そこで今回は、やる気を一瞬で最大化する簡単な方法を伝授していきます。

これは非常に簡単な方法ではあるのですが実戦の現場で使えている人が少ないので、この方法を知っているだけでも競合他社を出し抜くことができるようになります。

**その方法とは「アンカーリング」です。**

アンカーリングとは、ひと言で説明すると**「記憶の意識づけ」**です。

たとえば、右の耳たぶを2回触ったときに大きな商談が決まったとします。

もちろん最初は意識していなかったことなので、その行為が意識に定着することも成功とリンクすることもありません。

しかし、その行為をおこなう度に、大きな商談を結ぶことができたとしたらどうでしょうか？　おそらく、あなたは大きな商談の際に毎回のように右の耳たぶを2回触りながら念じるはずです。これがアンカーリングです。

もちろん、これは神がかりなことでも目に見えない世界の話でもありません。

**単に、自分の行為と成功体験をリンクさせて記憶に定着させることで、その行為がス**

**イッチとなり、意図的に成功空間をつくり出すことができるというわけです。**

脳がそのときの状況を思い出し、勝てる確信を持つことができるのです。

これが自信を引き寄せ、成功の扉を力強く開けてくれるようになります。

そのほかにも、好きな音楽や映画などを見ることでやる気を上げることもできます。

これも先ほどのアンカーリング理論と基本は同じですが、好きな音楽を聴くという行為がスイッチとなり、成功体験をフラッシュバックさせているということです。


「やる気を上げたい」と意識しても意図的に上げることはできません。

なぜなら人は感情に支配されている生き物だからです。

**やる気自体をコントロールすることはできませんが、モチベーションスイッチは気持ち1つで押すことができます。**ですので、やる気がないと頭の片隅に少しでもよぎるようであれば、モチベーションスイッチに意識を向けるようにしてください。

それだけでエネルギーに満ちた毎日を過ごすことできるようになります。

## ◆軌道に乗るまでは1日15時間働く

ビジネスは競合他社との競争です。そして確実に言えることは、業界の先輩はあなたより先に走っているということです。ということは、あなたが競合他社と同じスピードで走っていては追いつけるはずがありません。

競合他社は、お客様からの認知も信頼もすでにあなたを上回っているからです。そんななか、あなたが〝のらりくらり〞と、うしろから参戦したところで負けは目に見えています。多くの人はこの事実から目を背け、儲け話にフラつき自分の可能性を探し回ってしまうのですが、そんなことしていたら勝てる勝負も負けてしまいます。

そうではなく、競合がいる以上は1つに絞り徹底的に追い込む必要があるのです。

とはいえ、後発組のあなたが先輩起業家に勝るものは1つもありません。

このように言うと「自分の商品は最高で他社に負けません」とアホ面で言う人がいますが、そんなものは優位性の欠片《かけら》にすらなりません。

なぜならお客様は商品だけにお金を払っているわけではないからです。

その証拠に、ブランドからロゴを取ったら、同じ品質で同じ工場でつくった製品であっても価格は10分の1以下になってしまう事実があるからです。

だから、品質に自信があっても商品だけで優位性を出すことはできないのです。

しかし先輩起業家には、それまでにつくり上げてきた約束と信頼の証があります。

**・認知**
**・信頼**
**・ブランド**
**・資産**
**・安心**

これらすべてが負けているのです。

**だとしたら、競合他社より「時間」を使うしかありません。**

これはマラソンを想像すれば理解できると思います。

競合が8時間かけて今の距離にいるとしたら、あなたは15時間走れば、たとえ倍の距離が離れていても追いつくことができます。もちろん1日だけ15時間走ったところで、いくらも距離を縮めることはできませんが、それが1ヵ月、半年、1年と続けていくうちにその距離は縮まり、やり方次第で追いつき追い越すことも可能です。

私はこの考えを持ってから、とにかく必死に走りました。

その結果、競合他社を遥かに追い越し、簡単には追いつけないほどの地位を確立することに成功したのです。

ただこれは私に能力があったからということではなく、自分の不甲斐なさや無力を素直に受け止め、ただひたすら時間をかけて走ったからです。

正直、この時間だけ見たら、つらく苦しいレースのように感じるかもしれませんが、努力したと感じたことは1回もありません。

なぜなら独立起業することが念願の夢だったからです。

## ◆入金をあてにした支払いは絶対にやめる

ビジネスには信用・信頼が不可欠です。

信頼を一度でも積み上げることさえできてしまえばビジネスは安定し、継続させることはさほど難しいことではなくなります。

なぜなら商品にはライフサイクルというものがあるのでいつかは終わりを迎えますが、お客様の願望や悩みは永遠に尽きることはないからです。だから**信頼を得るということはビジネスにおける根源的資産を手に入れること**になるのです。

しかしこの根源的資産は、一度手に入れたら安泰ということでもありません。

放置すれば劣化し、だからこそ磨き続けなければいけないのです。

そんななか、一瞬で信頼を失う卑劣行為があります。

それは「お金」にまつわることです。

お金は魔力を持っています。その証拠に、仲のいい家族であっても遺産相続が原因で仲たがいしたり決裂したりします。ということは取引先やパートナーであればなおさらです。

これは逆の立場で考えればわかると思います。

あなたは支払いを滞納する人と一緒にビジネスをしたいと思うでしょうか？

もちろんそんなお人好しいません。

とはいえ、お金を払う意思があっても支払えない事情がある人もいると思います。

その際に気をつけなければいけないのは「入金をあてにした支払い」をする人です。

これは一番やってはいけないことです。

なぜなら、**その入金が100％確実にある保証など、どこにもないからです。**支払い先の遅延や未払いなどが発生したら一巻の終わりです。

いわゆる**「連鎖倒産」が起きる理由の多くがこれにあたります。**

あなたのなかでは滞納する気もなく、支払う意思もあるとします。

しかし現実問題、滞納や未払いが発生してしまったら信頼は一瞬で崩壊します。

では、どうしたらいいのか？

**それは最低限の内部留保《ないぶりゅうほ》を持つことです。**

お金とは人間でいう血液です。会社にお金がなくなったら倒産するように、内部留保が1円もない会社というのは、血もない状態で輸血しながら日々を過ごしている状態と同じです。これでは少しのハプニングにも気を許すことができません。

だから支払い計画を立てる際は、内部留保で考えなければいけないのです。

なぜなら、あなたが取引先から遅延を受けているということは支払い先には関係のないことだからです。

大切な子どもを誘拐犯に人質にとられたことを想像すれば理解できると思います。

もしあなたが身代金を期日に用意できなかったとして、犯人に「もう少し待ってください」と簡単に言えるでしょうか？　おそらく口が裂けても言えません。

そんなこと軽々しく言ったら、人質の命の保証などどこにもないからです。

しかし、これが取引先やパートナーとなると土下座すれば何とかなると安易に発想する人がいます。ビジネスはそんな甘いものではありません。

その1回の支払いが滞《とどこお》ることで倒産する会社もあるのです。だから、関わる人のためにも入金をあてにした支払い計画を立ててはいけないのです。

輸血はあくまで一時的なものであって、体内に最低限の血は必要です。その血がなくなれば死を迎えるのと同じで、今後生き残るためにも最低限の内部留保を意識してください。

その量が増えれば増えるほど経営は安定し、色々なことに挑戦していくことができますので、信頼を失わないためにも意識しておいてください。

## ◆この時間は資産を生み出しているか？

成功者は先延ばしすることを嫌います。

急な用事や予想外のトラブルが次から次へと入ることを知っているからです。

しかし多くの人は案件を処理することが業務だと考え「生み出すこと」に時間を使うこと

をしません。だから1年経っても「何も現実が変わっていない」と嘆く羽目となるのです。

成功者は違います。

時間は最大の資産だと捉えているため、同じ時間や労力をかけるのであれば「この時間を資産に変えることはできないか？」と考えるのです。

これに対してアルバイトの時給のように時間を対価に変えている人は、いかに時間を過ごすかを考えます。ここが成功者と凡人の違いです。

1日1個でも将来の資産になるものを手掛ければ、1年後、あなたの未来が大きな飛躍を遂げるのは容易に想像できます。

**1日1個でも、1年経てば365個の資産を手に入れることができるからです。**

貧乏思考にある人は「毎日忙しくてそんな暇はない」と答えるかもしれません。

しかしこれは成功者も同じです。毎日、暇で仕方ないという人などそういるものではありません。ただ貧乏人と違う点は、言い訳せずに決めた1日1個の作業を確実にやり遂げるということです。

・新企画の立案

・顧客リサーチ
・情報のインプット

このように、成果につながるための（将来資産になる）ことを、今日やる1つを決めたら終わるまで寝なければいいのです。

このように言うと「そんなにたくさんのことを1日にこなして、精度が下がり雑にならないか」と心配する人もいるかもしれません。

もっと頭を使ってください。**ボリュームの多いものは、たとえばカテゴリー分けすることで各パートの精度を上げることができます。**午前中はインプットの時間、午後はクリエイティブのための時間……といった要領です。

ビジネスに正解はありません。正解はつくり出すものです。

もちろんあなたが今後一生、他人の人生を歩むというのであれば指示待ちすればいいですが、起業家となり自らの力で人生を歩むというのであれば、今日やれることはすべて終わらせ、1日1個で構いませんので将来の資産づくりを始めてください。

その意識を少し持つだけで、あなたの1年後は大きく変わること間違いなしです。なぜなら、あなたは時間ではなく価値で報酬を受け取るようになるからです。

## ◆信頼を得る究極の方法は「理解」すること

「理解」は人を究極のところまで行動させます。

これを証明するかのような出来事が昔ありました。それは、集団自殺という悲しい事件の現場で偶然にも生き残ってしまった1人が、あるインタビュアーに語ったひと言でした。

インタビュアーはこう聞きました。

「なぜ、あなたたちは集団自殺しようと考えたのですか?」

それに対して、生き残った1人はこう答えたのです。

「教祖様だけが私を理解してくれたから……」

このひと言が世間に衝撃を与えました。

なぜなら〝人は理解されると死すら受け入れてしまう〟ということを痛感する事件だったからです。ただしこれは意外なことではありません。人間は理解されると心を許し、すべてを開放する習性があるからです。

これはあなたのなかにもあるはずです。

・がんばっているにも拘らず、理解されずに苦しんだ経験
・自分の主張が理解され、昇進につながった経験
・家族からの理解を得ることで、独立起業に踏み切れた経験

このように**理解にもプラス面とマイナス面が存在し、その時々の理解のされ方で未来が大きく変わります。**

共通して言えることは、この理解が人生の分岐点になっているということです。

**自分が他人を理解すれば、その人の未来は輝き始め、逆に、自分が他人に理解されれば、自分の人生は大きく飛躍する**ということです。

これは目に見えるものではないので軽視しがちですが、先ほどの事例にもあったように、「理解」というのは人を死に追いやることができるほどパワーを持っています。

あなたが起業して成功したいと望むのであれば、まずはビジネスに関わる人を観察し、少しでも理解することはできないかを考えてみてください。

その視点を少し持つだけで、あなたのことを応援する人が格段に増えること間違いなしです。なぜなら人は常に理解されることを望み、理解してくれた人に対して絶大な信頼をおくからです。

## ◆「人に託す勇気」を持つ

1人ではやれることは限られてしまいます。

ビジネスの流れを一度でも体験し、ある程度の金額を稼ぐことができた人は、次のステップとして**周囲にいるプロを上手に活用する**ことです。

人間に与えられた権利のなかで唯一平等なのは「時間」です。

それ以外は、生まれた環境や育った過程がそれぞれ違うので何とも言えませんが、時間だけはいつの時代も変わることはありません。

その平等に与えられた権利を生かすも殺すも、選択と活用の仕方で変わります。

しかし多くの人はこの時間の活用が上手ではありません。

「時間がない」と言っている人は、この罠にハマっていることにすら気づけていません。

なぜなら**「自分がやるべきこと」と「手放すべきこと」がわかっていないため、すべてを自分でやらなければいけないと思い込んでいる**からです。

これは本質的な価値がわかっていない人が陥ってしまう過ちです。

もちろん、その過ちを知ったうえで忙しくするのが好きな人は命を削ればいいことです。

しかし大半の人は、望んでもいないのに時間がないと嘆き苦しんでいるのです。

これではいつまで経っても自由を手に入れることなどできません。

では、どうしたらこのジレンマから解放されるのか。

**それは自分の価値だけでなく周囲の人の価値を知り「託す勇気」を持つことです。**

何度も言うように、ビジネスとは価値と価値の交換で成り立っています。ということは、価値さえ相手に届けることができればあなたでなくともいいわけです。

これはお客様だけでなくすべてに同じことが言えます。

このようにビジネスにおける本質的価値を見抜いてしまえば、あなたがすべておこなう必要はないということが理解できると思います。

それどころか、あなたがおこなってはいけないのです。

**あなたがビジネスをおこなっている根源的理由を再確認すれば、そのことが痛いほど理解できる**と思います。

あなたは何のためにビジネスをしていますか。

家族の幸せを願い、笑顔にするためですか？

それとも関わる人を幸せにするためですか？

これは人により異なると思いますが、１つだけ言えることは、**ビジネス自体はゴールではない**ということです。

そうではなく、誰しもその先にある目的を達成するためにビジネスをしているのです。
それは人によっては願望を叶えることかもしれません。
もしくは痛みやフラストレーションを解決することかもしれません。

ただ確信を持って言えることは「ビジネスの先にある何か」を手にするために誰もががんばっているということです。

だとしたら、すべての仕事を抱えて「すごい自分」というエゴに酔いしれるのではなく、ビジネスの先にある、かけがえのない大切なものに時間を使ってください。
なぜなら、あなたの命がこの世のなかで一番価値があり、高価なものだからです。

## Chapter 05　まとめ

- ○ 習慣化のために、約3週間は何があっても続ける
- ○ ヘタでもいいから最初はすべての流れを通して経験する
- ○ 100円のジュースで決断力を鍛える
- ○ 失敗してもすべて自分が負担する
- ○ 「自分だけは失敗するのでは？」というネガティブ思考を活用し、バックアッププランを用意する
- ○ 「アンカーリング」を駆使する
- ○ 最低限の内部留保は常に確保する
- ○ 将来資産になることを1つ決めたら、終わるまで寝ない
- ○ 「理解」は究極の武器になる
- ○ あなたがすべてやる必要はない

Last Chapter

# お金を追いかけることがなくなる未来へ

## ◆お金は1つの価値でしかない

本書もいよいよ最終章です。もう少しだけおつき合いください。

お金だけが価値だと誤解していませんか?

たしかにお金というのは価値の1つではありますが、それがすべてではありません。

「お金」「時間」「労働」「ツール」「人材」「商品」「結果」……。

このように価値とはさまざまなかたちで成り立ち、その価値同士で交換することができます。しかも、その交換も相手が感じる本質的な部分がわかれば、**お金を挟むことなく物々交換できてしまう**のです。

しかしビジネスがヘタな人は、この視点が抜け落ちてしまっています。

どうしても販売者たるものいい商品をつくってしまうと、まわりが見えなくなってしまいがちです。しかしお客様はそんなことどうでもいいことです。なぜなら前述した「ドコモ」の例のように、お客様は得たい願望や痛みが解消されればそれでハッピーだからです。だからお金にこだわる必要などありません。

相手が感じる価値さえわかってしまえば何を提示すればいいのかが見えてきます。

**ここでのポイントは、自分の感じる価値ではなく相手が感じる価値がお金になるということです。**ここさえおさえておけばお金に追われる生活から解放され、業務を手放しながらも好きなだけお金を手にすることができるようになります。

そして、この考え方さえわかってしまえば、お金を払わずに好きなものも手にすることができるのです。これを示す面白い例が1つありますのでご紹介します。

---

ある事情で家賃を半年間も滞納していた人がいました。

もちろんこの方に悪気はなかったので、ひとまず大家さんに事情を報告するとともに謝罪しに行くことにしました。すると大家さんは、家賃を滞納していることはそれほど気にはしていなかったことがわかりました。しかし1つ気がかりだったのが、

---

この大家さんは高齢なこともあり「アパートの清掃」に頭を抱えていたのです。

そこで、この方は滞納しているお詫びとして掃除を買って出ることにしたのです。

もちろん、あくまで謝罪のつもりだったので善意でおこなうつもりだったのですが、結果的に家賃を免除してもらうことができたのです。


これも1つの価値交換のかたちです。

このように相手が感じる価値さえわかってしまえば、間にお金を挟む必要がなくなるので、本質的価値を見抜く力を養うことができるようになるというわけです。

## ◆与える人間になる

ビジネスで成功するためには「与える人間」になる必要があります。

なぜなら**ビジネスは与えることで価値を生み出し、報酬という対価を得る行為**だからです。だからビジネスで成功したければまず与える必要があるのです。

しかし、ビジネスがヘタな人はこの概念がそもそもありません。

独りよがりな商品をつくっては、相手からお金を奪うことしか考えていません。

しかし「奪う人」から商品を買いたいと思う人など1人もいません。

これはお金だけでなく、すべてのことに言えます。

たとえば「時間」です。

多くの人は、他人が保有する時間を非常に軽視しています。

これは「丁寧」を誤解している人が陥りがちな罠の1つでもあるのですが、**時間共有するということは「相手の命を削っている」という認識を持たなければいけません。**

この感覚を持てない人は最低賃金しか稼ぐことができません。

なぜなら、自分の価値を浪費していることにすら気づけていない価値の低い人間だからです。ただこの罠の恐ろしいところは、自分でも気づかぬうちにおこなってしまっているということです。

たとえば、商談の席でよく起こりがちな過ちの1つに「アイスブレイク」というものがあります。簡単に説明すると相手の心を解きほぐし商談しやすい場をつくるのが目的です。しかし、この「アイスブレイク」を誤解している人がいます。

**その典型例は、商談前にビジネスとは関係のない野球などの話をするバカどもです。**

安月給のサラリーマンであれば、こういった生産性のない雑談であっても時間を浪費することができるので大歓迎かもしれませんが、結果で報酬を受け取る高給取りには迷惑行為以外の何ものでもありません。

なぜなら同じ時間でも得ることのできる金額は格段に違うからです。

私がこのことを意識するようになったのは、年収10億円以上の人たちと行動をともにするようになったのがきっかけです。

彼らの「時給」は、サラリーマンの「月給以上」です。

同じ1時間であっても得ている報酬はまったく違うのです。

だからあなたも成功者の仲間入りをして高所得を狙いたいと望むのであれば、バカな雑談ではなく、相手の価値を届ける救世主にならなくてはいけないのです。

ではどうしたら相手の価値を知り、与える人間になることができるのか？

**それは相手の願望、もしくは痛みの解消についての専門知識を深めることです。**

このように言うと「お金持ちに教えられることなど何1つありません」とあなたは弱腰になるかもしれませんが、お金持ちも人間です。

知らないこともあれば悩みごとも山のようにあります。

だから自分が下ということではなく、その分野の専門家となることでお金持ちは耳を傾け、話を聞いてくれるようになります。

これが「与える」ということです。

こういったことは誰も教えてくれないので見過ごしがちですが、この考えを貧乏なときから持てるかどうかが成否を分けます。

なぜならビジネスとは、1％の成功者がこの世のなかを動かしているからです。

ただし「与える」にしても注意しなければいけないことが1つだけあります。

それは、冷やかし客ではなく見込み客に与えなければお金になることはないということです。なぜなら冷やかし客は読んで字のごとく、奪う人間の象徴でもあるからです。

だから何かを与えるにしても、まずは見込み客に提供していく必要があるのです。

その与えた量が「信頼残高」を増やしていくことにつながります。

この信頼残高は銀行残高と同じで、残高ゼロのときにいくら「引き出す」ボタンを押しても引き出すことはできません。

これはビジネスも同じです。信頼残高がない間は商品を提案してもお金を得ることはできないのです。なぜならお客様はそれがどんなにいい商品であっても、信頼がない人からは買うことをしないからです。

## ◆今すぐ現金を資産に変えなさい

ここまでのことをきちんと守ることができれば、お金を稼ぐことはさほど難しくありません。なぜならビジネスは科学であり、本来シンプルなものばかりだからです。

ここまでおつき合いいただいたあなたは、私が言っていることが理解できると思います。

ビジネスとは価値と価値の交換です。それ以上でもそれ以下でもないのです。

ここさえ理解することができれば、無理に売り込まずともお金は勝手に入ってきます。

しかしビジネスで**お金を稼ぐのと、「稼ぎ続ける」ことはまったく違います。**

この観点がない間は、稼いでもすぐにお金を失ってしまいます。

これでは起業家とはいえ、一生労働を対価に変えなければいけません。


そこで、最後に私からあなたにプレゼントがあります。

そのプレゼントとは、ビジネスを継続的に安定させ、稼ぎ続けるための資産構築法です。

これさえ知れば、労働に収益が影響されることはなく、自由を手に入れながらビジネスを大きく発展させていくことができるようになります。

多くの人は「資産」と聞くと、現金や不動産や株を連想すると思いますが、とくに現金は一番持ってはいけない資産の1つです。

もちろん現金はパワーがあるので、飛び道具的に使うことは最低限必要ですが、過剰な現金は何も生み出さないどころか、税金で持っていかれてしまいます。

これではいくらあっても足りません。

そこで資産にかたちを変えていく必要があるのです。

資産構築するためには次の5つの要素に、順番通りに投資します。

**(1) 知識**

**(2) 経験、スキル**

**(3) 実績**

**(4) リスト**

**(5) 人**

解説を交えながら1つずつ詳しく見ていきます。

## (1)「知識」

お金を稼いだら、お客様の願望を叶えるための知識にお金を投資する必要があります。

そうすることで、ビジネスが終わることなく永続的にお客様とともに進化していくことができます。

**（2）「経験」「スキル」**

知識をつけただけですぐに商品化するバカがいますが、それは一番やってはいけないことです。なぜならお金をもらう以上、お客様を守る義務があなたにはあるからです。だから知識をつけたあとは、経験やスキルにお金を投資していく必要があるのです。

**（3）「実績」**

お客様は、商品ではなく「実績」に惹かれます。なぜなら、いい商品とは自分が言っているだけで客観的ではないからです。しかし「実績」は第三者の客観的判断が証拠・裏づけとなるため信用に繋がるのです。

**（4）「リスト」**

ビジネスは商品を売る前に、アプローチするためのリストを集めなければいけません。

多くの人はこのリストの概念がなく、販売する度に集めようとするのですが、こんなことをしていては広告費との折り合いがつかず採算を取ることができません。

そうではなく常日頃からリスト集めにお金を使い、信頼構築していく必要があります。

## (5)「人」

この「人」というのは、社員やスタッフだけでなくお客様も含まれます。

このように言うと「お客様？」と疑問を感じる人も多いかもしれませんが、口コミを想像すれば納得できると思います。口コミとは無償の代行営業と同じだからです。

だから、この「人」というのはお客様も味方にするということでもあるのです。

そのなかでも、とくに8割の売上を生み出している上顧客には最大限の利益を還元し、ほかの一般のお客様とはまったく違うレベルでのサービスをおこなってください。そうすることで、その上顧客は最高の口コミ営業マンとして、無償で次なる上顧客を連れて来てくれるようになります。

このように、これら5つの要素と順番を意識し、投資するだけで資産構築は簡単におこなうことができてしまいます。

これらの要素を見てわかるように、すべて資産になるものばかりです。

あなたが今後ビジネスを安定させるためにも、現金ではなく、これら5つの要素に投資していく必要があるのです。なぜなら、**これらは投資すればするほど資産が増えていくものばかりだからです。**それ以外のメリットとしては、不動産や株と違い、100%損失の出ない投資案件だということです。

知識、経験、スキル、実績、リスト、人。

これらに投資している限り減ることはなく、増える以外道はありません。

これは順番も大切なので、まずあなたがやるべきことは自分が今どこの位置にいるのかを把握することから始めてみてください。

それだけで、あなたがこれから向かうべき未来をある程度予測することができるようになります。

Epilogue—

# ◆成功への招待状

ここまでお読みいただき、ありがとうございました。

本書で「独学は破滅を招く」ということをお伝えしましたが、じつは私もサラリーマン時代に独学で副業をしていました。

そして**その結果、非常に多くのものを失った**という経験があります。

当時の私はお金だけを見て、1人でもいつかは成功できると信じていたのです。

しかし、その〝いつか〟がやってくることはありませんでした。というより、起業における最大のミスを犯していたことにこの時点では気づけていなかったのです。

その最大のミスとは「家族」です。

ビジネスとは本来、家族を幸せにするためのものです。

しかし多くの人はこの根源的理由を見失い、ビジネスを言い訳にして家族を蔑《ないがし》ろにしてしまいます。これでは本末転倒です。

これは当時の私も同じでした。

家族を蔑ろにし、副業に明け暮れてしまったのです。

当時の私は、この事実に気づくことができませんでした。

寝ずにコツコツ続ければ成功できると本気で信じていたのです。

しかし再三言うように、独学で成功できるほどビジネスは甘くはありませんでした。

たしかにお金だけのことを考えれば、時間をかけたぶん月に数十万程度は稼ぐことができたのですが、到底、起業してやっていけるほどの金額ではありません。

**この程度の金額であればサラリーマンをやっていたほうがまだマシです。**

これでは何のために副業をしていたのかわかりません。だから多くの人は起業したとしてもたいして稼ぐことができず、ヒーヒー言いながら走り続けなければいけないのです。

このようにビジネスを独学でおこなうと、爆発的成功を収めることは到底できません。

しかし起業にはルールがあり成功法則があります。

それを知っている人は何不自由なく成功し、金銭的自由を手に入れながら人生を堪能することができます。一方で「独立」と「独学」を混同してしまう人は、成功どころか起業したこと自体を後悔し、地獄のような苦しい日々を過ごさなくてはいけないのです。

あなたが本気で成功を望むのであれば、投資感覚を身につけなければいけません。この概念を持つことができない人は、寝ずに努力したところで成功することはできません。なぜならビジネスは投資によって拡大規模が決まるからです。

ただし注意もあります。

**それは「投資先」には気をつけなければいけないということです。**

もちろんビジネスに関係のない株や不動産に投資する人はいないとしても、お金の使い方を間違えてしまうと、過剰在庫、家賃滞納、多重債務といった具合に、大変な目に遭います。

一方、独立起業をスムーズに成功させる人は違います。

どこに投資すればいいのかを感覚的に知っているのです。

ここまで読んでくれたあなたはもう答えがわかると思いますが、**3年後の自分の夢をすでに叶えているメンター（先生）を持ち、そこに投資すること**です。

ただ、この期に及んで「自分のやり方でやりたい」という人がいますが、家族を悲しませ路頭に迷わせてもいいというのであれば、思う存分エゴを満たしてください。

ただその場合、数ヵ月後に自分の決断が間違っていたと知る覚悟は必要です。

人間どうしても自分だけはうまくできると思ってしまうものですが、そんなに上手にできる人ばかりであれば全員が億万長者になっています。

しかし現実はそれほど甘くなく、**成功している人は1％にも満たない**のが現実です。

その1％の人も才能があったから成功したということではなく、その背景には必ずメンターが存在し、彼らの成功を支えているのです。

これはどの世界でも同じです。

ルールがあり成功法則は必ず存在します。

あとは、それを感覚で知るのかそれとも体系的に学ぶのかは、あなたに投資感覚があるかどうかが成否を分けるということです。

そこさえ間違えなければ、必ず夢は叶いますし、必ず道は存在します。

本書を読んで「超・起業思考」を身につけたあなたであれば大丈夫です。

あとは自分を信じる勇気さえあれば、必ず成功できます。


ただし、この書籍を読んだだけでは成功を〝確実なもの〟にすることはできません。

この書籍は起業を成功させる〝きっかけ〟でしかないからです。

そこで今回は、**あなたの成功を確実なものへと招待するために「読者限定」スペシャルプレゼントを用意しました。**


それは「完全ゼロ起業」というタイトルのWEBセミナーです（このWEBセミナーは無料公開となりますのでご安心ください）。

ちなみに、ここで公開される内容を簡単に説明すると、起業後まったく受注の取れなかったダメ起業家が、わずか3ヵ月で100万円の利益をクリアし、その後8ヵ月で1000万円を達成した、お金と自由を手にするために必要な「3つの教え」を公開したものです。

ただし、このＷＥＢセミナーは「期間限定公開」となりますので、終了する前に次のＵＲＬにアクセスして読者限定スペシャルプレゼントを今すぐ受け取ってください。

さあ、今すぐ成功への招待状を受け取ってください。

↓

【ビジネス初心者が最短で成功を勝ち取る「完全ゼロ起業」】

http://www.adw-zion.com/was/four/opt/syoseki.html

最後に──

# 「地獄から救ってくれた1匹のネコ」

私は、今でこそ多くの方から「成功者」と呼ばれるようになりましたが、ほんの数年前までは、うつ病に苦しみ、廃人のような生活を過ごしていました。

うつ病を経験したことがある人はわかると思いますが、まるで背中に漬物石をのせられたかのように体が重く、ベッドから起き上がれないのです。

悲劇は突如訪れました。

ある朝、一本の電話が鳴りました。当時勤めていた会社からです。

しかし私にはそのコール音が聞こえませんでした。

水のなかにいるようで音が微かにしか聞こえなかったのです。

無断欠勤で連絡が取れないとなると会社も心配します。

そこで連絡の取れない私を心配した会社の上司が自宅にまで来て、倒れている私を発見してくれました。

正直、当時のことはほとんど記憶にありません。

ただ毎日「死にたい」と思っていたことだけが、今でも脳裏《のうり》に強く焼きついています。

このときのことを考えると今でも涙が溢れ出ます。

親のこと、自分の無力さ、過去の失敗、独学を選択した自分……。

しかし自殺する勇気すらありません。

最後の一歩手前で心が叫ぶのです。

「怖い。死ねない」

何度も、何度も、何度も……繰り返すのです。

そんなとき、離れた親が見透かしたかのように電話をかけてきます。

「大丈夫？　とくに用事はないけど……」

このときに「大丈夫だよ。心配しないで」と、何もなかったように振舞いました。

でも電話を切ってからは大粒の涙が顔を埋め尽くしました。

このときは希望の欠片さえ見えない暗がりの生活です。

本当に怖かったし、逃げたいけどどこにも行けない、つらく苦しい毎日でした。


それから間もなくして、私は1匹のネコと出会います。

それは3匹の子ネコを抱えた親ネコでした。

このネコは施設に保護されていましたが、人間の子どもにイジメを受けていました。石を投げられ、口に砂を入れられる……そんな苦悩の日々です。

しかし3匹の子ネコが一緒にいたため、逃げることができませんでした。

そんな苦境のなか、このネコの家族は保護されました。私が会いに行ったときは、すでに3匹の子ネコは里親に引き取られたあとでした。

こういった保護施設というのは小さな子ネコから貰い手が決まります。これはある意味仕方のないことですが、子ネコを守るために必死に戦っていた親ネコだけが取り残されてしまったのです。

そんなこととはつゆ知らず、私はネコと面談をするためにその施設に出向きました。

そこには非常に多くのネコが楽しそうに遊んでいたのですが、1匹だけ部屋の隅に隠れブルブル震えているネコがいました。

それが例の親ネコです。

これが我が家の愛猫「テコ」との出会いです。


当時のテコは深く心に傷を負っていたため人間恐怖症になっていました。そのため、我が家に来てからも冷蔵庫の隅に隠れて出てきません。

そんな日々が何日も続きました。

最初はお菓子や羽根のおもちゃなどを使い、心にできた氷を溶かすように努めました。

その結果、テコは私に懐《なつ》くようになりました。

私がパソコン仕事をしているときはおとなしく膝に乗り、仕事の撮影などをしているときは遠くで見守る、そんな生活です。


それから9年。

テコは恩返しするかのようにたくさんの幸せを招き寄せてくれました。

・妻と、レムとリラという大切な2人の子どもたち
・独立起業での成功
・海外での自由な生活
・書籍出版（書店ランキングなど続々と1位獲得）
・テレビ、ラジオの冠番組
・たくさんの雑誌の取材など

これだけを見ると羨ましいと感じる人も多いかもしれませんが、今回お話ししたように私の過去は地獄そのものでした。

ただ、それでも自分の人生をあきらめず、根気よく周囲の協力を得ることで、少しずつではありますが未来を変えていくことができました。

だから、あなたも人生を放棄しあきらめない限り、成功することはできます。
しかし、起業は1人で成功できるほど甘いものではないので、とにかく成功させたければ1人でも多くの応援者でまわりを固めてください。
その応援者の数が、あなたの成功を確信に変えます。

大丈夫です。

本書を最後まで読まれたあなたであれば、きっと夢を実現し、やり抜くことができます。

船ヶ山哲

著者プロフィール

船ヶ山哲（ふながやま・てつ）

心理を活用したマーケティングを得意とし、人脈なし、コネなし、実績なしの状態から、起業後、これまでに世界に1000社以上のクライアントを獲得。そのクライアントは、上場企業から町の小さな商店まで幅広く、北は北海道から南は沖縄まで、さらに遠くはギリシャやコロンビアまでサポートをおこなう。

プライベートでは、子どもの教育を最優先に考え、マレーシアのジョホールバルに在住。

その卓越したマーケティング手法は、数々の雑誌やメディアに取り上げられ、テレビ番組のメインキャストを務めるほか、ラジオ番組でのパーソナリティーとしても活躍中の起業家。

著書に、『稼ぎたければ、捨てなさい。』（きずな出版）、『売り込まずにお客が殺到するネット集客法』（セルバ出版）、『大富豪から学んだ世界最強の儲かる教え』（アイバス出版）などがある。

# 超・起業思考

——会社に縛られずに稼ぎ続ける

2017年3月20日　第1刷発行

著　者　　船ヶ山哲

発行人　　櫻井秀勲
発行所　　きずな出版
東京都新宿区白銀町1-13　〒162-0816
電話03-3260-0391　振替00160-2-633551
http://www.kizuna-pub.jp/

印刷・製本　モリモト印刷


ISBN978-4-907072-94-0

きずな出版

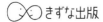

好評既刊

# 稼ぎたければ、捨てなさい。

**—起業３年目までに絶対知っておきたい秘密の裏ルール—**

船ヶ山 哲

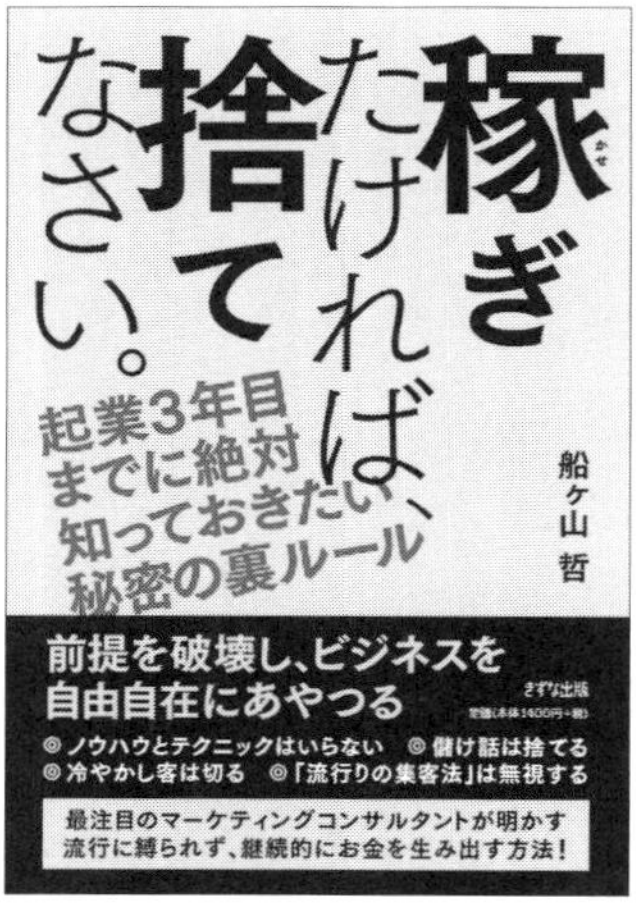


起業後わずか３年で「億」を稼ぐ、最注目のマーケティングコンサルタントが明かす「継続的にお金を生み出し、成功する」方法！　いままでの常識を破壊し、自由自在にビジネスをあやつる「裏ルール」を公開した一冊。

本体価格 1400 円　※表示価格は税別です

書籍の感想、著者へのメッセージは以下のアドレスにお寄せください
E-mail：39@kizuna-pub.jp

きずな出版
http://www.kizuna-pub.jp